WOLFGANG LINK

ABNEHMEN MIT Fastfood

BURGER, PIZZA & CO. OHNE REUE

KNEIPP
VERLAG WIEN

INHALT

13 Low Carb PYRAMIDE

7 Fastfood KALORIENTABELLE

48 Burger PIZZA, WRAPS

You can't make
everyone happy.
You are not Pizza.

But you can
treat yourself well!

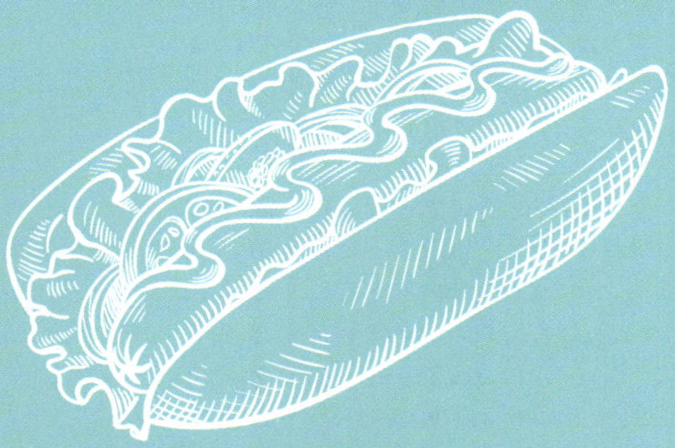

FASTFOOD IST ERLAUBT – AUCH BEIM ABNEHMEN

Wer ans Abnehmen denkt, hat vor allem eins vor Augen: Verzicht. Verzicht auf gutes und leckeres Essen, auf reichhaltige und sättigende Mahlzeiten und auf all die köstlichen und schnellen Dinge, die man sich gerne gönnt.

Doch strenge Diäten ohne jeglichen Genuss führen oft zum gefürchteten Jo-Jo-Effekt, weil man nach der Diät schnell die abgenommenen Kilos wieder drauf hat – häufig mehr als vorher.

Die Lösung ist eine Ernährungsumstellung, die eben nicht auf Verzicht ausgerichtet ist, sondern auf gesundes, ausgewogenes Essen nach der Low Carb-Methode, mit der man dauerhaft abnehmen und sein Gewicht halten kann. Und das Beste daran ist, dass vieles erlaubt ist, von dem man nie geglaubt hätte, dass es während einer Diät in Ordnung ist – dazu zählt auch Fastfood.

LOW CARB-FASTFOOD IST GESUND UND KÖSTLICH

In der modernen Low Carb-Ernährung sind Burger, Pizza & Co. nicht mehr die ungesunden Dickmacher, sondern ganz im Gegenteil gesunde, kohlenhydratarme Köstlichkeiten, die für leckere Abwechslung auf dem Tisch sorgen.

Fastfood muss nicht ungesund sein – es geht auch gesund, lecker und sogar kalorienarm.

Mit dem klassischen Fastfood aus der Burgerkette oder dem Imbiss haben diese Gerichte nicht mehr allzu viel gemeinsam, denn sie triefen nicht vor Fett und Zucker und sind alles andere als fad und pappig. Stattdessen stehen gute und gesunde Zutaten, eine frische Zubereitung und Genuss im Mittelpunkt dieser Fastfood-Küche. Hier dürfen Sie ohne Reue schlemmen, denn dieses Fastfood ist für jede Diät geeignet.

Daher finden Sie in diesem Buch 59 Rezepte aus der gesunden Low Carb Fastfood-Küche, angefangen mit Suppen und Bowls, über Burger, Pizza und Wraps bis hin zu beliebten Klassikern wie Schnitzel und Würstchen. Natürlich dürfen auch Pommes, Nudeln & Co. nicht fehlen, und auch köstliche Dips, Ketchup und Soßen bereichern den Speiseplan. Damit das Verlangen nach Süßem nicht zu kurz kommt, entdecken Sie im letzten Kapitel leckere Desserts, Eisgerichte und Smoothies.

Schritt-für-Schritt-Anleitungen erleichtern das Nachkochen auch für ungeübte Köche, und dank der variantenreichen Komponenten kommt keine Langeweile auf. Ob Veggie- oder Fleischgerichte – hier ist für jeden Geschmack etwas dabei. Und keine Angst: Auch wenn Sie noch nie selbst ein Burgerbrötchen gebacken, einen Pizzateig gemacht oder eigene Pommes kreiert haben, so werden Sie dies dank der ausführlichen Rezepte problemlos schaffen. Denn ich zeige Ihnen, wie selbst kompliziert erscheinende Komponenten ganz einfach und schnell zubereitet werden können. Natürlich können Sie auch selbst kreativ werden und die einzelnen Rezepte miteinander kombinieren, indem Sie beispielsweise zu einem Burger noch Pommes und Ketchup reichen oder die Pizza mit Zutaten Ihrer Wahl belegen. Hier sind Ihrem Einfallsreichtum keine Grenzen gesetzt, und ich bin sicher, dass Sie schon bald Ihre Favoriten finden, die Ihren Speiseplan regelmäßig ergänzen.

Fastfood geht schnell und ist lecker – ist aber leider auch ungesund und dick machend.

Wenn Sie diese lukullischen Köstlichkeiten erst einmal probiert haben, haben Sie garantiert keine Lust mehr auf die langweiligen Burger aus dem Fastfood-Restaurant – und ernähren sich ganz nebenbei noch gesund und ausgewogen.

WARUM MACHT „KLASSISCHES" FASTFOOD EIGENTLICH DICK?

Übergewicht ist mittlerweile ein gängiges Problem in unserer Gesellschaft. Laut einer Pressemitteilung der Deutschen Gesellschaft für Ernährung waren im Jahr 2017 in Deutschland 59 % der Männer und 37 % der Frauen übergewichtig – und der Grund dafür liegt vor allem in unserem modernen Lebensstil. Zu wenig Bewegung und eine hoch kalorische Ernährung sind die Hauptschuldigen dafür, dass wir immer dicker werden.

Dabei spielt Fastfood eine nicht unerhebliche Rolle, denn ein Besuch beim Schnellimbiss kann ganz leicht den Kalorienbedarf eines ganzen Tages decken, vor allem wenn Sie ein Menü aus Burger, Pommes, Soße und Limonadengetränk verzehren und hinterher noch ein Eis oder etwas

Kuchen essen. Pommes und Burger werden frittiert und sind daher sehr fettreich, die Burgerbuns enthalten Unmengen an Kohlenhydraten, in Ketchup, Mayonnaise & Co. verstecken sich viel Zucker, genauso wie im Softdrink, den man zu seinem Menü genießt.

SO VIELE KALORIEN STECKEN IN FASTFOOD

Burger, Pizza & Co. sind Kalorienbomben, die uns weit mehr Kalorien, Fett und Kohlenhydrate liefern, als gut für uns ist. Um dies einschätzen zu können, sollten Sie wissen, dass ein Mann zwischen 20 und 50 Jahren durchschnittlich ca. 2.400 Kalorien und eine Frau gleichen Alters durchschnittlich ca. 1.800 Kalorien täglich benötigt. 30 % unserer Energie sollten wir in Form von Fett aufnehmen, hier liegen die Empfehlung bei rund 55 bis 80 Gramm täglich. Bei den Kohlenhydraten sollten Männer nicht mehr als 300 Gramm und Frauen nicht über 230 Gramm pro Tag zu sich nehmen. Will man abnehmen, vor allem mit der Low Carb-Methode, sollte man diese Werte natürlich verringern.

Wenn man sich nun den Kalorien-, Fett- und Kohlenhydratgehalt des Fastfoods ansieht, merkt man schnell, warum es uns dick macht:

Gericht	**Kalorien**	**Fett**	**Kohlenhydrate**
Pan-Pizza Texas Supreme (Pizza Hut)	1.476 kcal	63 g	154 g
Burger Box (KFC)	1.384 kcal	79 g	118 g
Pan-Pizza Margherita (Pizza Hut)	1.210 kcal	46 g	137 g
Bacon King	1.038 kcal	65,5 g	49,3 g
Big King XXL	1005 kcal	59,8 g	50,7 g
Double Cheese & Bacon Burger (KFC)	967 kcal	54 g	62 g
Cola 0,5 l	885 kcal	0 g	53 g
Currywurst, Pommes, Majo	884 kcal	65 g	67 g
Big Tasty Bacon	880 kcal	53 g	53 g
Double Whopper	840 kcal	50,3 g	49,6 g
King Shake Strawberry	774 kcal	3,3 g	34,4 g
Big Steakhouse	737 kcal	45 g	39 g
Hähnchenteile Original (KFC), 3 Stück	701 kcal	41 g	26 g
Homestyle Crispy Chicken	692 kcal	33 g	62 g
Döner Kebap	620 kcal	16,5 g	77 g
Whopper	613 kcal	33,5 g	49,5 g
Veggie King	516 kcal	24,8 g	62,5 g
Crispy Chicken	511 kcal	31,4 g	39,6 g
Hot Wings (KFC), 6er	506 kcal	35 g	18 g
Big Mac	503 kcal	25 g	42 g
Crispy Chicken Wrap	491 kcal	25,7 g	46,8 g
McWrap Chicken Sweet Chili	489 kcal	20 g	57 g
McRib	477 kcal	22 g	43 g
Big King	485 kcal	29,6 g	29,8 g
Hamburger Royal TS	455 kcal	26 g	27 g

Wer häufig klassisches Fastfood konsumiert, nimmt fast schon automatisch zu, wie man anhand der Nährwerte unschwer erkennen kann.

Currywurst	429 kcal	34 g	8,5 g
Donut (Burger King)	385 kcal	22,1 g	40 g
McMilchshake Erdbeer-Sauce 0,4l	369 kcal	5,9 g	70 g
Cheeseburger (McDonald's)	302 kcal	12 g	31 g
Schoko-Donut (McDonald's)	289 kcal	18 g	26 g
Cheeseburger (Burger King)	278 kcal	12,3 g	27,2 g
Chicken Mc Nuggets, 6er	265 kcal	13 g	20 g
Kleine Portion Pommes (Burger King)	246 kcal	12,4 g	29 g
King Sundae Caramel	239 kcal	6,8 g	40,3 g
Kleine Portion Pommes (McDonald's)	231 kcal	11 g	29 g
Kleine Portion Pommes (KFC)	226 kcal	10 g	31 g
Onion Rings, 6er	194 kcal	7,9 g	23 g
Mc Flurry pur, ohne Sauce & Topping	197 kcal	5,2 g	33 g
Limonade 0,5 l	190 kcal	0 g	50 g
King Nuggets, 4er	178 kcal	9,4 g	14,4 g
Portion Mayonnaise (McDonald's)	141 kcal	15 g	0,5 g
Portion Pommes Frites Sauce (Burger King)	46,9 kcal	4,3 g	1,9 g
Portion Ketchup McDonald's)	29 g	0,1 g	6,4 g
Portion Ketchup (Burger King)	17,3 kcal	0 g	4,1 g

Kohlenhydratreiche Nahrungsmittel sorgen dafür, dass sich ganz schnell nach dem Verzehr wieder Heißhungerattacken einstellen. So entsteht schnell ein Teufelskreis, weil man immer öfter und mehr isst.

WARUM FASTFOOD NICHT AUF DAUER SÄTTIGT

Erschwerend zu dem hohen Kaloriengehalt hinzu kommt, dass sich nach dem Verzehr eines Fastfood-Menüs recht schnell wieder Hunger einstellt. Das liegt zum einen daran, dass es den Gerichten an sättigenden Kohlenhydraten fehlt und sie voller „leerer" Kohlenhydrate stecken, die der Körper zügig verdaut, sodass der Blutzuckerspiegel sehr schnell ansteigt. Der hohe Zuckergehalt der Mahlzeit sorgt zusätzlich für eine rapide Erhöhung des Blutzuckers. Der Körper reagiert darauf mit dem Ausstoß von Insulin, das für die Verstoffwechslung der Kohlenhydrate benötigt wird und dafür sorgt, dass der Zucker schneller vom Körper aufgenommen wird. Danach fällt der Blutzuckerspiegel ebenso schnell wieder ab, wie er gestiegen ist, was dazu führt, dass man schnell wieder Hunger verspürt und erneut zum Essen greift – und so noch mehr Kalorien zu sich nimmt.

UND WAS IST ERLAUBT?

Eine gesunde und ausgewogene, kohlenhydratreduzierte Low Carb-Ernährung sorgt dafür, dass Sie Übergewicht abbauen und Ihr Wunschgewicht halten können. Dabei ist sie außerdem abwechslungsreich und lecker und beinhaltet auch modernes Fastfood, das Sie natürlich nicht im Imbiss bekommen, sondern selbst zubereiten.

Auch wenn Sie nicht viel Zeit haben und es oft schnell gehen muss, können Sie köstliche Low Carb-Gerichte auf den Tisch zaubern, denn viele der folgenden Rezepte stehen in weniger als einer halben Stunde auf dem Tisch. Manche der Gerichte brauchen ein wenig länger, da sie noch im Ofen garen, kühlen oder durchziehen müssen, doch auch hier ist die reine Zubereitungszeit entsprechend kurz.

Wenn Sie Ihr Fastfood selbst zubereiten, haben Sie zum einen die volle Kontrolle darüber, was auf Ihren Teller kommt, welche Nährstoffe Sie zu sich nehmen und auch welche Mengen Sie konsumieren. Zum anderen macht das selbst Kochen Spaß, und selbst gemachtes Essen schmeckt meist doppelt so gut wie gekauftes.

Fastfood selbst zuzubereiten macht Spaß.

Nicht nur das Kochen, auch das Essen zu Hause ist ein ganz anderer Genuss, denn wenn Sie sich zum Essen Zeit nehmen, in einer ruhigen Umgebung speisen – und nicht mal eben schnell im Vorbeigehen im Imbiss – nehmen Sie die Gerichte viel eher wahr. Diese Form der achtsamen Ernährung trägt auch maßgeblich dazu bei, dass Sie Gewicht reduzieren und halten können, denn wer nicht mal eben schnell etwas in sich hineinschlingt, sondern ganz bewusst isst, hat einen viel besseren Überblick über das, was er verzehrt. Nehmen Sie sich also für Ihre Mahlzeiten ein wenig Zeit, genießen Sie den Geruch und den Geschmack Ihrer Speisen – Sie werden feststellen, dass das Essen dann gleich noch besser schmeckt!

Create healthy habits

not restrictions.

DIE LOW CARB-METHODE

Bei der Low Carb-Ernährung (engl. low = niedrig, carbohydrates = Kohlenhydrate) wird der Anteil an Kohlenhydraten zugunsten von Fett und Eiweiß in der Ernährung deutlich reduziert. Natürlich sind Kohlenhydrate in Maßen erlaubt und werden auch ganz bewusst eingebaut – eine moderate Kohlenhydratzufuhr von 80 bis 130 g pro Tag ist hier ideal.

Kohlenhydrate machen dick, um es einmal ganz vereinfacht auszudrücken. Sie bewirken einen Anstieg des Blutzucker- und Insulinspiegels. Insulin benötigt unser Körper, damit der Zucker aus dem Blut in die Zellen gelangen kann und der Blutzuckerspiegel sich wieder normalisiert. Verzehren wir viele Kohlenhydrate, benötigen wir somit auch mehr Insulin. Dieses lässt aber leider unsere Fettpolster wachsen, hemmt die Fettverbrennung und fördert die Fetteinlagerung – und somit eine Gewichtszunahme. Zudem sorgen die Schwankungen in unserem Blutzuckerspiegel dafür, dass unser Sättigungsgefühl nicht lange anhält und wir schon bald nach einer Mahlzeit wieder Hunger verspüren. Damit wird der Kreislauf von noch mehr essen und erneutem Blutzuckeranstieg noch stärker angekurbelt. Schnell nimmt man dann viel mehr Kalorien zu sich, als man verbraucht und nimmt dadurch an Gewicht zu.

Zu viele Kohlenhydrate lassen den Blutzuckerspiegel ansteigen und begünstigen Übergewicht. Daher ist die Low Carb-Ernährung ideal zum Abnehmen geeignet.

Bei der Low Carb-Ernährung werden die kohlenhydratreichen Lebensmittel vor allem durch fett- und eiweißreiche Lebensmittel ersetzt. Statt massenweise Weißbrot, Kartoffeln, Pasta, Reis, Zucker und Säfte gibt es nun Fisch, Fleisch und Gemüse sowie natürliche Fette, Obst und Milchprodukte. Kohlenhydrate werden in Maßen zugeführt, wobei hier darauf geachtet wird, das ballaststoffreiche, gute Kohlenhydrate verzehrt werden, wie Sie im Folgenden sehen werden.

Die Basis der Low Carb-Ernährung bildet eine reichhaltige Vielfalt.

WAS BEWIRKT LOW CARB?

Eine Reduzierung der Kohlenhydrate sorgt dafür, dass der Blutzuckerspiegel auf einem niedrigen Niveau gehalten wird und eine geringe Insulinausschüttung erfolgt. Das entlastet und unterstützt den Stoffwechsel und bewirkt eine Ausbalancierung von Blutfettwerten, Blutzucker und Insulin. Der oben beschriebene Teufelskreis aus essen, Blutzuckeranstieg und noch mehr essen wird dadurch wirkungsvoll unterbrochen. Denn wenn die Blutzuckerschwankungen vermieden werden, gehören Heißhungerattacken endlich der Vergangenheit an. Die Blutwerte normalisieren sich, außerdem beginnt der Körper, seine Energie hauptsächlich aus der Fettverbrennung zu gewinnen – ein positiver Nebeneffekt, der zu Gewichtsverlust führt.

Ganz nebenbei versorgt eine Low Carb-Ernährung den Körper optimal mit allen wichtigen Vital- und Nährstoffen und sorgt aufgrund des erhöhten Anteils an Eiweiß und Fetten für eine lang anhaltende Sättigung.

Daher eignet sich Low Carb bestens zur Gewichtskontrolle und -abnahme sowie generell für eine gesunde Ernährungsweise.

SO FUNKTIONIERT LOW CARB

Eine Umstellung auf Low Carb ist einfacher, als Sie vielleicht denken, denn Sie haben eine ungeheure Vielfalt an Lebensmitteln zur Verfügung, die Sie immer wieder neu miteinander kombinieren können. Verboten ist eigentlich gar nichts, jedoch sollten Sie stark kohlenhydrat- und zuckerhaltige Nahrungsmittel auf ein absolutes Minimum einschränken und nur ab und zu in Ihren Speiseplan einbauen.

Die Low Carb-Ernährung beinhaltet eine riesengroße Auswahl an Nahrungsmitteln, sodass Sie sich sehr abwechslungsreich ernähren können.

Für einen leichten Einstieg in Low Carb und die Auswahl der Lebensmittel ist die Low Carb-Pyramide ein praktisches Hilfsmittel, welche die Nahrungsmittel nach ihrer Wirkung auf den Blutzucker- und Insulinspiegel einteilt. So sehen Sie auf einen Blick, in welchem Verhältnis Sie diese Lebensmittelgruppen verzehren sollten und was idealerweise auf Ihrem Speiseplan in großen, kleineren und eher ganz geringen Mengen enthalten sein sollte.

Selten:
Verarbeitetes Getreide (Weißmehl), Süßigkeiten.

Wenig:
Vollkornprodukte, Kartoffeln, Nudeln, Reis und Mais.

Häufig:
Milchprodukte, Eier, mageres Fleisch, Geflügel, Fisch, Nüsse und Hülsenfrüchte.

Oft:
Obst und stärkefreies Gemüse, zubereitet mit Öl.

Die Low Carb-Ernährungspyramide, mit freundlicher Genehmigung der Prävent GmbH. www.praevent.de

DIE BASIS DER LOW CARB-ERNÄHRUNG: GEMÜSE, OBST, GESUNDE FETTE UND ÖLE

Obst und vor allem Gemüse sollten in großen Mengen auf Ihrem Speiseplan stehen.

Die Basis der Low Carb-Ernährung besteht aus Gemüse, Pilzen, Salaten und zuckerarmem Obst, da diese Lebensmittel eine geringe Wirkung auf den Blutzucker haben. Drei oder mehr Portionen Gemüse und Salat täglich sind ideal – achten Sie dabei bitte darauf, dass das Gemüse möglichst stärkearm ist. Zwei Portionen Obst pro Tag sollten hinzukommen, wobei Sie vor allem zu zuckerarmen Früchten wie Beeren, Äpfeln, Birnen, Papayas, Kiwis und Melonen greifen sollten. Obstsorten mit einem hohen Fruchtzuckergehalt, wie Bananen, Weintrauben, Feigen oder Ananas, sollten Sie nur in Maßen genießen.

Auch gesunde und hochwertige Fette und Öle wie Leinöl, Olivenöl, Rapsöl, Walnussöl und Butter sind wichtige Bestandteile der Low Carb-Ernährung, da sie Lieferanten für wichtige Nährstoffe wie essenzielle Fettsäuren sind und zudem als wichtige Träger der fettlöslichen Vitamine wirken. Außerdem tragen sie zur Sättigung und vor allem zum guten Geschmack einer Mahlzeit bei.

EIN DRITTEL EIWEISSHALTIGE LEBENSMITTEL

Zusätzlich zu den Basis-Lebensmitteln sollten Sie eiweißhaltige Nahrungsmittel zu sich nehmen, da auch diese eine geringe Blutzuckerwirkung haben und lange sättigen. Hier wird empfohlen, dass diese ungefähr ein Drittel Ihrer täglichen Nahrungszufuhr ausmachen sollten. Zu diesen Lebensmitteln gehören Fleisch, Fisch, Eier, Milch und Milchprodukte, Hülsenfrüchte und Nüsse.

Zusätzlich zur guten Sättigung verhindert eine ausreichende Versorgung des Körpers mit Eiweiß, dass er bei einer Gewichtsabnahme Muskelmasse abbaut – was besonders dann wichtig ist, wenn Sie an Übergewicht leiden.

Ballaststoffreiche Nahrungsmittel sind in Maßen in Ordnung.

KOHLENHYDRATREICHE LEBENSMITTEL NUR IN MASSEN

Kohlenhydratreiche Lebensmittel können Sie ab und zu konsumieren, achten Sie hierbei bitte darauf, dass dies in Maßen geschieht – also nicht in großen Mengen und nicht zu häufig. Zu dieser Lebensmittelgruppe zählen Vollkornbrot oder -brötchen, Grau- und Mischbrot, Vollkorn- oder Hartweizennudeln, Reis, Kartoffeln und stärkereiches Gemüse. Diese Lebensmittel sind zwar reich an Ballaststoffen und sättigen daher gut, doch die Kohlenhydrate wirken sich, wie Sie nun ja wissen, negativ auf den Blutzuckerspiegel aus.

AUF WEISSMEHLPRODUKTE, ZUCKER UND KLASSISCHES FASTFOOD BESSER GANZ VERZICHTEN

Möglichst ganz von Ihrem Speiseplan streichen sollten Sie Weißmehlprodukte wie Toast, Brötchen, Baguette etc. Und auch süße, zuckerreiche Backwaren wie Kuchen, Teilchen, Croissants & Co. sowie Süßigkeiten sollten nur in absoluten Ausnahmefällen verzehrt werden. Zuckerhaltige Getränke wie Limonaden, Eistees und die meisten gekauften Säfte gehören ebenfalls in diese Kategorie. Und bei Milkshakes und Smoothies, die Sie nicht selbst gemacht haben, sollten Sie ebenfalls mehr als vorsichtig sein, weil diese meist sehr viel Zucker enthalten. Ganz verzichten sollten Sie möglichst auf das klassische Fastfood und verarbeitete Lebensmittel, weil sich hier oft enorm viel Zucker versteckt. Die Nahrungsmittel aus dieser Kategorie bewirken einen starken Blutzuckeranstieg, lösen dadurch eine entsprechende Insulinreaktion aus und führen zu Hunger auf weitere Kohlenhydrate.

Weißmehlprodukte und zuckerreiche Produkte tun Ihrem Körper nicht gut.

LOW CARB-ERNÄHRUNG MIT GENUSS

Wer sich nach der Low Carb-Methode ernährt, muss nicht hungern, verzichten oder langweilig essen. Ganz im Gegenteil: Die Low Carb-Ernährung ist abwechslungsreich und steckt voller Genuss. Denn hier ist eine große Vielfalt an Lebensmitteln erlaubt, die auf vielfältige Art und Weise miteinander kombiniert werden können. So entstehen köstliche und ausgewogene Mahlzeiten, die lange sättigen und befriedigen und bei denen Sie nie das Gefühl haben, auf etwas verzichten zu müssen.

Vor allem viel Gemüse und Obst, Fisch, Fleisch und Geflügel, Milchprodukte, Eier, Hülsenfrüchte, Nüsse und gesunde Fette sind erlaubt. Und in Maßen können auch kohlenhydratreiche Lebensmittel auf dem Speiseplan stehen. Sogar „sündigen“ dürfen Sie ab und zu, denn hier und da mal ein Stückchen Schokolade, vor allem bittere, geht schon. Außerdem bietet die Low Carb-Ernährung auch süße Gerichte, wie Sie im letzten Kapitel dieses Buchs sehen werden, sodass Eis, Desserts und süße Getränke absolut nicht der Vergangenheit angehören.

WELCHE GETRÄNKE SIND GEEIGNET?

Mineralwasser, egal ob still oder sprudelnd ist das ideale Getränk für eine gesunde Ernährung. Wenn Sie mögen, können Sie Ihrem Wasser mit der Zugabe von frisch gepressten Zitronen, etwas Ingwer, Minze, Gurke oder anderem Obst, Gemüse und Kräutern etwas Pepp verleihen.

Auch Kaffee oder Tee in Maßen sind in Ordnung, vor allem Kräuter- und Früchtetee ist ideal. Wenn Sie Ihren Kaffee mit Milch trinken, dürfen Sie dies auch gerne weiterhin tun, und auch süßen ist erlaubt – am besten steigen Sie aber hier von Zucker auf ein gesünderes Süßungsmittel wie Honig um.

Wasser ist das ideale Getränk, und mit frischem Obst, Gemüse und Kräutern versehen, wird es zu einem abwechslungsreichen Genuss.

Getränke wie Limonaden, Energiegetränke, Eistees und Fruchtsäfte sollten Sie aufgrund ihres hohen Zuckergehalts meiden. Wenn Sie Limonaden zu sich nehmen wollen, greifen Sie lieber zur zuckerfreien „Light"-Variante. Und Säfte, Smoothies & Co. bereiten Sie am besten selbst zu, weil Sie dann sicher sein können, dass diese keinen zusätzlichen Zucker enthalten.

Alkohol sollten Sie ebenfalls nur in Maßen konsumieren, da dieser vergleichsweise viele Kalorien hat und dadurch erheblich zur Entwicklung von Übergewicht beitragen kann. Natürlich ist hin und wieder ein wenig Alkohol in kleinen Mengen völlig in Ordnung – vor allem bei Feiern oder wenn Sie ausgehen.

GESUND IN DEN TAG STARTEN

Die 59 Rezepte in diesem Buch beinhalten hauptsächlich Hauptmahlzeiten, Beilagen, Snacks und Desserts. Da eine gesunde Ernährung aber schon beim Frühstück anfängt, hier einige Tipps zu dieser wichtigen Mahlzeit am Morgen.

Ideal geeignet zum Frühstück sind Eierspeisen wie Rühr- oder Spiegelei, die gerne auch mit Gemüse zubereitet werden können. Peppen Sie das Rührei doch einfach mal mit Frühlingszwiebeln, Paprika oder Zucchini auf. Oder bereiten Sie ein süßes Omelett mit etwas Mandelmehl und geriebenem Apfel zu, das durch die Süße des Apfels ganz ohne Zucker auskommt, oder ein herzhaftes Omelett beispielsweise mit Gemüse, Pilzen, Schinken und Ziegenkäse.

Auch herzhafte Gerichte mit viel Gemüse sind perfekt geeignet, wie gefüllte Gurken, Zucchini oder Avocado mit Hühnchen, Ei und/oder Speck.

Wer lieber Müsli isst, ist ideal mit einer Schüssel Joghurt, Quark, Buttermilch oder Milch bedient, in die gerne Nüsse sowie verschiedenste Obstsorten gegeben werden können – vor allem Beerensorten eignen sich hier gut. Statt einer fertigen Müslimischung sind Chia- oder Leinsamen, Soja- und Kokosflocken ideal geeignet. Der Chiapudding von Seite 135 ist ein tolles Frühstück, das Sie wunderbar variieren können, indem Sie statt der Feigen anderes Obst einsetzen und statt der Cashewkerne auch die Nusssorte austauschen können.

Ein Low Carb-Frühstück ist alles andere als langweilig.

Wenn Sie morgens nicht auf Ihr geliebtes Brot verzichten können, greifen Sie zur Vollkornvariante statt zu Weißbrot und verfeinern Sie dies mit eiweißreichen Belägen oder Aufstrichen, wie Quark oder Frischkäse, Geflügelaufschnitt, Schinken etc. Gerne darf auch etwas Gemüse wie Tomaten oder Gurken aufs Brot. Ideal ist es natürlich, wenn Sie sich selbst Low Carb-Brot oder -Brötchen backen, die Eierbrötchen der Egg-Bun-Burger auf Seite 56 eignen sich zum Beispiel auch ideal als Frühstücksbrötchen.

Ein köstliches Omelett oder Rührei mit Kräutern und Gemüse ist ein idealer Low Carb-Start in den Tag.

Und wenn´s schnell gehen muss, ist ein köstlicher Smoothie, den Sie auch unterwegs verzehren können, die beste Wahl. Leckere Rezepte dafür finden Sie ab Seite 120.

SNACKS FÜR ZWISCHENDURCH UND FÜR UNTERWEGS

Ideal für den gesunden Snack eignet sich Gemüse in Form von Rohkoststicks oder -scheiben. Packen Sie dazu gerne etwas Kräuterquark zum Dippen ein. Auch ein köstlicher Salat, den Sie abends schon vorbereiten können, ist ideal als Zwischenmahlzeit geeignet. Die Bowls, die Sie ab Seite 39 finden, können Sie beispielsweise auch in ein Schraubglas oder eine verschließbare Schüssel geben und für Ihre Mittagspause mitnehmen.

Und auch die Wraps ab Seite 64 sind ein toller Snack für zwischendurch, den Sie fertig vorbereitet mit zur Arbeit nehmen können. Oder wie wäre es, wenn Sie ein paar knusprige Gemüsechips zum Knabbern einstecken, das Rezept dazu finden Sie auf Seite 100.

Leckere Snacks für zwischendurch oder die Mittagspause

Gute Vorbereitung sorgt dafür, dass Sie auch unterwegs gesund essen können.

Sehr praktisch zum Mitnehmen sind die mittlerweile gängigen Meal-Prep-Schüsseln, in denen Sie ganz abwechslungsreich täglich eine andere Auswahl an Gemüse, kaltem Fleisch wie gebratener Hühnerbrust oder Schinken und Obst variieren können.

Haben Sie einen Herd oder eine Mikrowelle in der Büroküche? Dann können Sie auch jede zubereitete Low Carb-Suppe mitnehmen und aufwärmen. Lassen Sie sich gerne von den Rezepten ab Seite 31 inspirieren.

Natürlich kann auch ein Becher Joghurt mit in die Arbeitstasche, aber bitte kein fertig angerührter Fruchtjoghurt, der viel Zucker enthält. Kaufen Sie lieber Naturjoghurt und bereiten Sie diesen selbst mit Obst und eventuell etwas gesunder Süße zu. Gleiches gilt für Quark und Hüttenkäse.

Eine Handvoll Nüsse eignet sich auch sehr gut als schneller Snack zwischendurch, ebenso wie ein hart gekochtes Ei. Nicht zu vergessen, ist es auch ideal, wenn Sie etwas Obst snacken, ein Apfel, eine Handvoll Beeren oder eine Kiwi schmecken immer gut.

AUSWÄRTS ESSEN

Auswärts essen ist auch Low Carb möglich, wenn man weiß, wie.

Hier lauert die größte Gefahr für eine ungesunde Ernährung, denn wenn Sie sich schnell etwas auf die Hand holen oder im Imbiss bzw. Fastfood-Restaurant essen, verzehren Sie mal eben Kohlenhydrate satt. Egal ob es das belegte Brötchen oder Teilchen beim Bäcker, die Currywurst am Imbiss, der Döner oder die Pizza aus dem Eckladen, das Laugengebäck am Stand oder der Burger der Fastfood-Kette ist – das ist alles andere als Low Carb und gesund. Doch was tun? Hier einige Tipps, was Sie auswärts auf die Schnelle essen können.

Ideal ist es natürlich, wenn Sie vorbereitet sind und Ihr eigenes Essen dabei haben. Mit den Snacks wie im letzten Abschnitt beschrieben laufen Sie gar nicht erst Gefahr, zu etwas Ungesundem zu greifen. Sind Sie aber einmal nicht vorbereitet, rate ich zu Folgendem:

Ein gemischter Salat mit Kochschinken, Thunfisch oder Ei ist in vielen Kantinen oder Restaurants zu haben. Lassen Sie das fertige Dressing lieber weg und würzen den Salat selbst mit etwas Essig, Öl, Salz und Pfeffer. Mittlerweile gibt es auch in vielen Supermärkten Salattheken, an denen Sie sich ideal Ihren eigenen Salat zusammenstellen können. Dort finden Sie oft auch bereits vorgewaschenes Obst und sogar Gemüsesticks.

Wenn Sie sich in einem Burgerladen wiederfinden, weil beispielsweise die Kollegen unbedingt dort hin wollen, bestellen Sie sich ruhig einen Hamburger, essen dann aber das Brötchen nicht mit, weil dies kaum etwas anderes als unnötige Kohlenhydrate und Kalorien enthält – auch wenn dies Ihrem Grundsätzen der Lebensmittelverschwendung nicht entspricht. Manche Restaurants bieten auch bereits Low Carb-Burger an, die ohne Brötchen in reichlich Salat serviert werden.

In Asia-Bistros finden Sie recht problemlos geeignete Speisen: Suppen mit Gemüseeinlage oder köstliche Gemüse-, Fleisch- und Fischgerichte, die Sie einfach ohne Nudeln oder Reis bestellen können. Gerade in den Restaurants, in denen frische Wokgerichte angeboten werden, können Sie die Zutaten meist selbst zusammenstellen und so darauf achten, dass sie ohne Kohlenhydrate auskommen.

Türkische und arabische Imbisse bieten Döner, Falafel & Co. auch ohne Brot an, sodass Sie dort einen leckeren Salat mit der Fleisch- oder Kichererbsen-Beilage genießen können.

Ideal im Restaurant: gegrillter oder gedünsteter Fisch mit Gemüse

Im deutschen Imbiss ist ein Grillhähnchen – ohne Beilagen wie Kartoffelsalat oder Pommes – zu bevorzugen, alternativ Chicken Wings, allerdings nur solche ohne Panade. Auch eine auf dem Grill gebratene Wurst ist geeignet, diese aber bitte auch ohne Brot und vor allem ohne Soße, weil die Soßen im Imbiss in der Regel immer viel Zucker enthalten.

Und in guten Restaurants ist es üblicherweise ganz problemlos möglich, so zu bestellen, dass Ihre Mahlzeit ohne Kohlenhydrate auskommt – sei es ein köstlicher Fisch mit Gemüse, das Steak mit Salat oder ein leckeres Gemüsegericht.

Preparation
is
the key.

VORBEREITUNG IST DAS A & O

Natürlich ist eine Küche, in der selbst gekocht wird, kein Fastfood im eigentlichen Sinne, denn Sie benötigen dafür etwas mehr Zeit als im Burgerladen. Wenn Sie jedoch gut vorbereitet sind, die Tipps dieses Kapitels berücksichtigen und die Rezepte aus dem zweiten Teil des Buchs verwenden, können Sie im Nullkommanichts leckere und schnelle Gerichte auf den Tisch zaubern.

Es ist gesund, selbst zu kochen, denn so wissen Sie genau, was auf Ihren Teller kommt und haben es in der Hand, gesunde Mahlzeiten zuzubereiten, die Sie beim Abnehmen unterstützen. Auch wenn Sie nicht viel Zeit haben und es bei Ihnen oft schnell gehen muss, müssen Sie sich nicht vor der Low Carb-Küche fürchten, denn Low Carb-Gerichte können Sie recht fix auf den Tisch zaubern. Und kompliziert oder schwer ist die Low Carb-Küche auch nicht. Das werden Sie spätestens bei den Rezepten im hinteren Teil des Buches merken, die leicht nachzukochen und auch für ungeübte Köche problemlos zuzubereiten sind.

Das Low Carb-Kochen ist einfach und schnell.

Ich gebe Ihnen im Folgenden einige hilfreiche Tipps, wie Sie die ohnehin schon schnelle Low Carb-Fastfood-Küche noch einfacher gestalten können. Und ich kann Ihnen jetzt schon eines verraten: Gesund und lecker zu kochen, geht schneller und einfacher als Sie glauben. Eine frisch zubereitete Mahlzeit ist außerdem viel köstlicher als das dröge klassische Fastfood und verleiht Ihnen einen viel höheren Genuss – und natürlich versorgt es Sie mit den idealen Nährstoffen.

☼ BASICS IM KÜCHENSCHRANK ☼

Die schnelle Küche fängt schon mit der richtigen Bevorratung an, denn wenn Sie die benötigten Nahrungsmittel schnell zur Hand haben, müssen Sie nicht extra einkaufen und somit wieder Zeit aufwenden. Legen Sie sich daher am besten einen Grundvorrat an Low Carb-Lebensmitteln zu, auf den Sie immer zugreifen können.

Mit den richtigen Lebensmitteln auf Vorrat ist die Low Carb-Küche ganz einfach.

Tiefgekühlt:

- Gemüse wie Erbsen und Brokkoli kann reichlich in Ihrem Gefrierschrank enthalten sein. Zeit sparen Sie auch mit kochfertigen TK-Gemüsemischungen, da hier das Waschen und Schnippeln entfällt, weil das Gemüse bereits verarbeitet ist. Achten Sie hier darauf, dass es reine Gemüsemischungen und keine Zubereitungen sind, da sich in diesen ungewollte Zusätze verstecken können.

- Tiefkühl-Kräuter sind ebenfalls praktisch, damit diese zum einen immer zur Hand sind und zum anderen das Waschen und Kleinschneiden entfällt.

- Tiefkühl-Obst wie verschiedene Beerensorten bietet sich auf jeden Fall an, weil Sie so schnell Zutaten fürs Frühstück oder für süße Gerichte haben.

- Sollten Sie einen eigenen Garten haben, frieren Sie Ihr Obst und Gemüse sowie die Kräuter am besten portionsweise ein.

- Auch Fleisch, Fisch und Meeresfrüchte lassen sich gut einfrieren, und es ist praktisch, die Sorten, die Sie regelmäßig verwenden, in der Truhe zu haben, sodass Sie diese zum Beispiel morgens zum Auftauen herauslegen und abends zubereiten können.

Gekühlt:

- In Ihrem Kühlschrank sollten grundsätzlich Eier, Milch, Butter, Käse und die Milchprodukte enthalten sein, die Sie gerne verwenden.

- Ideal ist es auch, wenn Sie etwas Speck und/oder Schinken vorrätig haben, die Sie für alle möglichen Gerichte wie Omeletts etc. einsetzen können. Auch die Wurstprodukte Ihrer Wahl, die Sie gerne in Ihren Mahlzeiten einsetzen, bieten sich an, wie ein paar Nürnberger Würstchen.

Frische Zutaten:

- Etwas frisches Gemüse und Obst im Haus zu haben, empfiehlt sich auf jeden Fall. So können Sie zwischendurch einfach mal eine Möhre oder einen Apfel essen und müssen nicht zu ungesunden Snacks greifen. Ideal sind hier: diverse Salate, Gurke, Möhren, Paprika, Süßkartoffeln sowie Äpfel, Birnen, Kiwis oder Melonen. Gemüse- und Obstsorten, die sich nicht lange halten, kaufen Sie besser nicht auf Vorrat, sondern dann, wenn Sie diese gezielt für ein Gericht einplanen.

- Zwiebeln, Knoblauch und Ingwer sollten auch grundsätzlich im Haus sein.

- Kräuter auf der Fensterbank sind ebenfalls nicht verkehrt, vor allem frische Petersilie und Basilikum bieten sich hier an.

Grundzutaten im Vorratsschrank:

- Öle sind ein wichtiger Bestandteil der Low Carb-Küche, daher sollten Sie diese vorrätig haben: Rapsöl, Olivenöl und Kokosöl. Weißweinessig, Aceto balsamico und Apfelessig sollten sich ebenfalls in Ihrem Repertoire befinden.

- Mehle wie Mandel-, Leinsamen- und - Johannisbrotkernmehl gehören ebenfalls in Ihren Vorratsschrank.

- Außerdem sollten Sie Süßungsmittel wie Honig, Erythrit, Xylit, Agaven- und Birnendicksaft im Haus haben.

- Natürlich sind auch Gewürze wichtig, hier vor allem Salz, Pfeffer, Paprikapulver, Chilipulver, Muskatnuss, Zimt sowie getrocknete Kräuter wie Thymian, Oregano, Rosmarin. Zudem ist es gut, immer ein Gläschen mit Vanilleschoten im Haus zu haben.

Ein gut gefüllter Vorratsschrank ist das A & O für die schnelle Küche.

- Auch Nüsse wie Hasel- und Walnüsse, Pekannüsse und Cashewkerne sollten in Ihrem Vorratsschrank stehen. Gehackte oder gehobelte statt ganze Nüsse sind besonders gut geeignet, wenn es schnell gehen soll.

- Zusätzlich sollten Sie Chiasamen, Haferkleie, Flohsamenschalen, Eiweißpulver und Sesamsamen vorrätig haben.

Konserven:
Konserven wie Hülsenfrüchte in der Dose, hier vor allem Kidneybohnen, weiße Bohnen, Mais und Kichererbsen ergänzen Ihre Vorräte ideal. Zudem bietet es sich an, Sprossen, Oliven in Lake oder getrocknete Tomaten sowie Kirschen und Apfelmus, beides ohne Zucker, im Glas in der Speisekammer zu haben. Auch pürierte Tomaten, stückige Tomaten sowie Tomatenmark sollten bei Ihnen vorrätig sein.

Vorbereitete Lebensmittel:
Einige Lebensmittel können Sie bereits geschnitten oder küchenfertig kaufen. Speckwürfel gibt es beim Metzger beispielsweise in dieser Form, sodass Sie den Speck nicht selbst schneiden müssen. Auch Fleisch können Sie bei Ihrem Metzger nach Ihren Bedürfnissen vorbereiten lassen und es beispielsweise entsehnen, schnetzeln oder in Scheiben schneiden lassen.

PRAKTISCHE TIPPS FÜR DEN EINKAUF

Wenn Sie schon beim Einkaufen Zeit einsparen, ist Ihr Essen automatisch noch mehr „Fastfood“.

Einkaufen kostet viel Zeit, doch es soll ja schnell gehen. Kein Problem, denn mit der richtigen Planung können Sie schon beim Einkauf enorm viel Zeit einsparen.

Essensplan:
Erstellen Sie einen wöchentlichen Essensplan, bei dem Sie alle Mahlzeiten des Tages berücksichtigen. Zum einen sparen Sie dadurch die tägliche Planungszeit und Überlegungen, was Sie denn kochen könnten. Zum anderen können Sie so für die ganze Woche einen Einkaufszettel erstellen.

Sinnvoller Einkaufszettel:
Gliedern Sie Ihren Einkaufszettel nach der räumlichen Abfolge in Ihrem Supermarkt. So sind Sie mit Ihrem Einkauf viel schneller fertig, weil Sie nicht hin und her laufen müssen.

Großeinkauf:
Kaufen Sie einmal pro Woche einen Großeinkauf ein, bei dem Sie alles für Ihren Essensplan besorgen. Das spart viel mehr Zeit als tägliches „schnell-mal-in-den-Supermarkt-springen".

Richtig einkaufen:
Gewöhnen Sie sich an, nur das einzukaufen, was auf Ihrem Einkaufszettel steht und vermeiden Sie so, die völlig falschen Dinge zu kaufen.

Liefern lassen:
Viele Lebensmittel können Sie sich mittlerweile problemlos liefern lassen. Vor allem viele Biohöfe bieten sogenannte Biokisten an, in denen Gemüse und Obst aus der Region zu Ihnen nach Hause gebracht werden. Die meisten Hofläden haben ihr Angebot sogar dahingehend erweitert, dass man mit der Lieferung der Kiste auch weitere Produkte beziehen kann – so werden dann auch Eier, Milch, Fleisch etc. direkt geliefert. Das ist praktisch, spart Zeit und garantiert, dass Sie saisonale und regionale Produkte in Bioqualität erhalten.

Bio kaufen:
Kaufen Sie Biogemüse und -obst, denn dann müssen Sie viele Sorten nur waschen und nicht schälen. Möhren, Zucchini, Salatgurken und Co. in Bioqualität können Sie bedenkenlos mit Schale verzehren.

SO GEHT DAS KOCHEN RICHTIG SCHNELL

Wenn Sie Ihre Küche gut organisieren und beim Kochen auf einige Dinge achten, geht Ihnen die Zubereitung Ihrer Mahlzeiten noch schneller von der Hand.

Weniger spülen:
Verwenden Sie beim Kochen so wenige Kochutensilien wie nötig, da Sie dann weniger spülen müssen und schneller fertig sind. In einer Pfanne, in der Sie beispielsweise Nüsse geröstet haben, können Sie anschließend problemlos andere Zutaten garen.

Wenn Sie etwas pürieren müssen, verwenden Sie dazu am besten den Pürierstab statt eines Standmixers oder der Küchenmaschine, weil Sie dann nur den Mixeraufsatz statt eines kompletten Geräts reinigen müssen.

Die richtige Kochplatte:
Benutzen Sie immer die Kochplatte, die zur Größe des verwendeten Topfes oder der Pfanne passt, denn so wird das Gargut zum einen schneller warm, zum anderen vermeiden Sie unnötigen Energieverlust.

Wasserkocher nutzen:
Heißes Wasser, das Sie beispielsweise zum Blanchieren von Gemüse oder Algen benötigten, kochen Sie am besten im Wasserkocher und gießen es dann in den Topf, da dies die Kochzeit verkürzt.

Küchenorganisation:
Kochutensilien wie Pfannen, Töpfe, Schneidebretter und Messer sollten einen festen Aufbewahrungsplatz in der Küche haben, denn so ersparen Sie sich unnötiges Suchen.

Die Dinge, die Sie häufig benötigen, wie z. B. Brettchen und Messer, bewahren Sie idealerweise in der Nähe des Kochfeldes auf, weil Sie dann schneller darauf zugreifen können.

Auch häufig verwendete Gewürze sollten in der Nähe des Kochbereichs stehen, beispielsweise in einem Gewürzregal direkt über dem Herd, da dies unnötige Handgriffe erspart.

Fastfood fängt schon beim schnellen Kochen an.

Zeitmanagement:
Nutzen Sie die Zeit zwischen den Arbeitsschritten bei der Zubereitung eines Gerichts sinnvoll. Während ein Teil der Mahlzeit gart, können Sie beispielsweise weitere benötigte Zutaten vorbereiten oder bereits aufräumen und die Kochutensilien spülen. So sparen Sie sich den ungeliebten „Riesenabwasch" nach dem Essen.

Große Mengen herstellen:
Dressings für Salate oder auch Ketchup (Seite 117), Pesto (Seite 110) oder Paprikasoße (Seite 112) lassen sich im Kühlschrank einige Tage lagern. Wenn Sie diese also in zwei- oder dreifacher Portion zubereiten, müssen Sie diese nicht jedes Mal frisch machen.

Meal Prep:
Bereiten Sie sich Snacks für die Arbeit im Voraus zu und planen diese nicht für morgens ein. Gemüsesticks können Sie abends schnippeln, eine Bowl (ab Seite 39) vorbereiten und in ein Glas füllen oder auch eine Suppe vorkochen (Seite 31). So

vermeiden Sie, doch wieder in den Trott zu verfallen, mal eben beim Bäcker ein belegtes Brötchen oder Teilchen zu kaufen oder im Imbiss vorbeizuschauen.

Viele Gerichte, wie die Suppen, lassen sich auch einfrieren, daher empfiehlt es sich, diese gleich in zwei- oder dreifacher Menge zuzubereiten und dann portionsweise einzufrieren. So haben Sie, wenn es einmal besonders schnell gehen muss, ganz fix etwas auf den Tisch gezaubert.

Frühstück vorbereiten:
Wenn es morgens bei Ihnen generell schnell gehen muss, bereiten Sie Ihr Frühstück am bestens abends vor. Machen Sie zum Beispiel einen Chiapudding (Seite 135), den Sie morgens nur aus dem Kühlschrank nehmen müssen oder schnippeln Sie abends schon alle Zutaten für Ihren Smoothie, den Sie am Morgen dann nur noch fix pürieren müssen. So ist Ihr Start in den Tag ohne Hektik garantiert.

Mit der richtigen Organisation geht das Kochen schnell von der Hand.

Nach Rezept kochen:
Sie sind viel schneller, wenn Sie sich an ein erprobtes Rezept halten und die Zutaten dafür alle zur Hand haben, als wenn Sie erst noch überlegen müssen, was Sie kochen, was Sie wie miteinander kombinieren könnten und wie lange das wohl dauern wird. Die 59 Rezepte im Anschluss bilden dafür die ideale Grundlage.

Suppen & Bowls

TOMATEN-SUPPE

ZUTATEN

- 400 g frische Tomaten
- 1 Zwiebel
- 1 Knoblauchzehe
- 1 EL Olivenöl, zum Anbraten
- 2 EL Tomatenmark
- 400 ml Gemüsebrühe
- Salz und Pfeffer
- ¼ TL Xylit
- 1 g Oregano
- ¼ Bund Schnittlauch

Die Tomaten waschen, vom Strunk befreien und in kleine Würfel schneiden. Die Zwiebel und den Knoblauch schälen, beides in feine Würfel schneiden und in einem Topf in dem Olivenöl anbraten.

Das Tomatenmark hinzugeben und ca. 1–2 Minuten mit anrösten. Mit der Brühe ablöschen und die Tomatenwürfel hinzugeben.

Die Suppe bei geschlossenem Deckel 20 Minuten lang leicht köcheln lassen. Anschließend vom Herd nehmen und mit einem Pürierstab fein pürieren.

Mit einer Prise Salz, Pfeffer, Xylit und Oregano abschmecken.

Den Schnittlauch waschen und die Tomatensuppe damit garnieren.

Tipp

Die Suppe kann auch kalt serviert werden, dazu sollten Sie sie vor dem Verzehr 2–3 Stunden im Kühlschrank lagern.

Info

ZEIT 15 min.
PERSONEN 4

Nährwerte p. P.:
70 kcal, 1,6 g Eiweiß, 4,6 g Fett, 4,2 g Kohlenhydrate

MÖHREN-CREME

ZUTATEN

- 1 Zwiebel
- 300 g Möhren
- 100 g Süßkartoffeln
- 1 EL Butterschmalz
- Salz und Pfeffer
- 1 l Hühnerbrühe
- 100 ml Orangensaft
- 50 g Crème fraîche
- ½ Bund Frühlingszwiebeln
- Cayennepfeffer
- etwas Petersilie

Die Zwiebel schälen und fein hacken. Die Möhren waschen, schälen und in grobe Scheiben schneiden. Die Süßkartoffeln waschen, schälen und grob würfeln.

Das Butterschmalz in einem Topf erhitzen, darin die Zwiebelwürfel glasig dünsten. Die klein geschnittenen Möhren und Süßkartoffeln zufügen und unter häufigem Wenden andünsten. Mit Salz und Pfeffer leicht würzen.

Nun die Hühnerbrühe und den Orangensaft angießen, aufkochen und zugedeckt ca. 15 Minuten köcheln lassen.

Danach die Crème fraîche in die Suppe rühren.

Die Frühlingszwiebeln putzen, waschen, in feine Ringe schneiden und in die Suppe geben.

Die Suppe mit einem Stabmixer fein pürieren und mit etwas Cayennepfeffer abschmecken.

Die Petersilie waschen, trocken tupfen und vom Stiel zupfen.

Zum Servieren die Suppe in Schalen oder Tellern anrichten und mit der Petersilie garnieren.

Info

ZEIT 30 min.
PERSONEN 4

Nährwerte p. P.:
162 kcal, 2,6 g Eiweiß, 9 g Fett, 15,7 g Kohlenhydrate

ROTE-BETE-SUPPE

ZUTATEN

- 2 Zwiebeln
- 1 Stück Ingwer (walnussgroß)
- 1 TL Butter
- 500 g Rote Bete
- ½ Salatgurke
- 1 Apfel (z. B. Boskop)
- 20 ml Sahne
- ½ l Gemüsebrühe
- Salz und Pfeffer nach Geschmack
- 2 hart gekochte Eier, Größe S
- 50 g Feta
- ¼ Bund Dill

Die Zwiebeln und den Ingwer schälen und fein hacken. Die Zwiebeln in einem Topf in der geschmolzenen Butter bei schwacher Hitze ca. 2 Minuten anschwitzen. Den Ingwer dazugeben und mit braten.

Die Rote Bete schälen und in kleine Würfel schneiden. Die Gurke waschen und fein würfeln. Den Apfel schälen, das Kerngehäuse entfernen und den Apfel klein schneiden.

Den Apfel und die Hälfte der Roten Bete mit in den Topf geben. Die Sahne und Brühe dazugeben. Alles einmal aufkochen und ca. 10 Minuten köcheln lassen.

Die Suppe mit einem Stabmixer fein pürieren und noch etwas Brühe dazugeben, wenn sie nicht flüssig genug ist. Mit Salz und Pfeffer abschmecken.

Die restlichen Rote-Bete-Würfel und die Gurkenwürfel in die Suppe geben und ca. 2 Minuten mit köcheln lassen.

Die Eier schälen und halbieren. Den Feta in Würfel schneiden. Den Dill waschen, trocken tupfen und klein zupfen.

Die Suppe auf Schalen verteilen und jeweils mit ¼ der Feta-Würfel, einem halben gekochten Ei und Dill servieren.

Nährwerte p. P.:
197 kcal, 7,1 g Eiweiß, 10,2 g Fett, 16,4 g Kohlenhydrate

Info

ZEIT 30 min.
PERSONEN 4

PILZCREME-SUPPE

ZUTATEN

- 400 g Champignons
- 100 g Staudensellerie
- 1 Zwiebel
- 1 EL Butter
- Salz und Pfeffer
- 1 TL Eiweißpulver, neutral
- 75 ml Sahne
- ¾ l Gemüsebrühe
- 5 EL Weißwein
- 1–2 Zweige frischer Rosmarin

Die Champignons putzen und in feine Scheiben schneiden. Den Sellerie putzen, waschen und fein würfeln. Die Zwiebel schälen und fein würfeln.

Die Pilze in einem Topf in der geschmolzenen, heißen Butter ca. 5 Minuten anbraten. Einige Pilze herausnehmen und beiseitestellen. Die Zwiebelwürfel in die Pfanne geben und kurz mit bräunen. Mit Salz und Pfeffer würzen. Das Eiweißpulver darüber stäuben und mit anschwitzen.

Die Sahne und die Brühe einrühren, dann die Suppe aufkochen und ca. 8 Minuten köcheln lassen.

Nach ca. 5 Minuten den Sellerie und den Wein zufügen und für die restliche Garzeit mit köcheln lassen. Dann die Suppe mit einem Stabmixer fein pürieren und danach nochmals mit Salz und Pfeffer fein abschmecken.

Den Rosmarin waschen, trocken schütteln und fein hacken.

Die Suppe in Schalen oder Tellern anrichten und mit den zurück behaltenen, gebratenen Champignons und dem Rosmarin garnieren.

Info

ZEIT 20 min.
PERSONEN 4

Nährwerte p. P.:
153 kcal, 5,5 g Eiweiß, 11,7 g Fett, 3 g Kohlenhydrate

HÄHNCHEN-AVOCADO-BOWL

Eine Marinade aus dem Tomatenmark, Traubensaft, Essig, ½ TL Salz, 1 EL Tabasco und einer Prise Pfeffer herstellen.Die Hähnchenbrust waschen, trocken tupfen, mit der Marinade einstreichen und mindestens 4 Stunden kalt stellen. Den Reis in kochendem Salzwasser ca. 15 Minuten kochen, anschließend abgießen.

Die marinierte Hähnchenbrust in einer großen Pfanne in 2 EL Öl erhitzen und bei mittlerer Hitze ca. 5–6 Minuten von allen Seiten braten. Die Kirschtomaten waschen und halbieren. Die Paprika entkernen, waschen und würfeln. Die Maiskörner vom Kolben schneiden. Die Zwiebeln schälen, 1 ½ Zwiebeln in Ringe schneiden, ½ Zwiebel sehr fein würfeln. 1 EL Öl in einer zweiten Pfanne erhitzen. Darin die Tomaten, Paprika und Zwiebelringe ca. 6 Minuten braten. Nach ca. 3 Minuten den Mais zugeben. Mit Salz und Pfeffer würzen.

In der Zwischenzeit eine Guacamole herstellen. Dazu die Limette heiß waschen, abtrocknen und halbieren. Eine Hälfte in Spalten schneiden, die andere Hälfte auspressen. Die Avocado halbieren, den Kern entfernen, das Fruchtfleisch aus der Schale lösen. Die Hälfte des Fruchtfleischs mit einer Gabel fein zerdrücken. Mit Salz, Pfeffer und Limettensaft kräftig abschmecken. Die restliche Avocado in Spalten schneiden.

Die Gurke waschen und würfeln. Die Frühlingszwiebel waschen, Wurzel entfernen und in Ringe schneiden. Den Salat putzen, waschen und in Streifen schneiden. Den Koriander waschen, trocken schütteln und hacken. Die Zwiebelwürfel und den Koriander mischen. Die Bowls mit dem Salat, der Gurke und Frühlingszwiebel, dem gebratenen Gemüse, dem gebratenen Hähnchen, der Guacamole, den Avocadospalten und dem Reis anrichten. Den Koriander-Zwiebelmix darüber streuen und mit Limettenspalten garnieren.

Nährwerte p. P.:
398 kcal, 40 g Eiweiß, 15,3 g Fett, 20,5 g Kohlenhydrate

ZUTATEN

- 4 EL Tomatenmark
- 5 EL Traubensaft
- 5 EL Weißweinessig
- Salz, Tabasco, Pfeffer
- 8 dünne Scheiben (à ca. 75 g) Hähnchenbrust
- 30 g Reis
- 3 EL Öl
- 400 g Kirschtomaten
- 1 gelbe Paprikaschote
- 1 Maiskolben, gegart; vakuumverpackt
- 2 rote Zwiebeln
- 1 Bio-Limette
- 1 reife Avocado
- ½ Salatgurke
- 1 Frühlingszwiebel
- 1 kleiner Römersalat
- 1 Bund Koriander

Tipp

Dazu passt ein leichtes Dressing aus 4 EL Skyr, 1 TL Honig, 1 TL Senf, Salz und Pfeffer.

Info

ZEIT 50 min. + 4 Stunden Wartezeit
PERSONEN 4

TOFU-BOWL

ZUTATEN

- 400 g Weißkohl
- Salz
- 2 EL Aceto balsamico, hell
- 2 EL Olivenöl
- ½ Bund Brunnenkresse
- ½ Bund Rote-Bete-Sprossen
- 1 Römersalat-Herz
- ½ Salatgurke
- 1 Möhre
- ½ Bund Koriander
- ½ Bund Minze
- Pfeffer
- 50 ml Öl zum Frittieren
- 200 g Tofu
- 20 g Sesam

Den Weißkohl putzen, waschen, halbieren und in feine Streifen hobeln oder schneiden. In eine große Schüssel geben. 1 TL Salz, den Essig und das Olivenöl zufügen und mit den Händen kräftig durchkneten.

Die Kresse und die Sprossen waschen und mit dem Kohl vermengen.

Den Römersalat putzen, waschen und ebenfalls in feine Streifen schneiden.

Die Gurke schälen, die Kerne herausschneiden und würfeln. Die Möhre schälen und in feine Streifen schneiden. Den Koriander und die Minze waschen, trocken tupfen, von den Stielen zupfen und grob hacken. ⅓ der Kräuter mit den Gurkenwürfeln und Möhrenstreifen verrühren. Mit Salz und Pfeffer würzen.

Das Frittieröl in einem hohen Topf auf ca. 180 °C erhitzen.

Den Tofu würfeln, trocken tupfen und in dem heißen Öl portionsweise goldbraun backen. Auf Küchenpapier abtropfen lassen.

Die restlichen Kräuter mit dem Tofu vermengen. Alles zusammen in vier Schüsseln anrichten. Den Sesam darüber streuen und servieren.

Info

ZEIT 20 min.
PERSONEN 4

Nährwerte p. P.:
298 kcal, 11,7 g Eiweiß, 23,3 g Fett, 8,4 g Kohlenhydrate

SALAT-BOWL

ZUTATEN

- 1 Knoblauchzehe
- 1 Blutorange
- 3 EL Olivenöl
- ½ TL Kumin
- Salz und Pfeffer
- 1 Avocado
- 150 g gemischter Salat (z. B. Feldsalat & Radicchio)
- 100 g Kichererbsen (Dose)
- 1 EL Sesam
- 1 EL Pekannüsse
- 3 Stiele Petersilie
- ½ Granatapfel
- ½ Kaki-Frucht
- 50 g Sprossen (Mungbohnen)

Den Knoblauch schälen und fein würfeln. Die Blutorgane heiß abwaschen, trocken reiben und den Saft der ½ Orange auspressen. Die andere Hälfte der Orange in Spalten schneiden und beiseitelegen.

Den Knoblauch mit dem Orangensaft, Olivenöl und Kumin mit einem Mixstab zu einer glatten Soße pürieren. Mit Salz und Pfeffer abschmecken.

Die Avocado schälen, entkernen und in Streifen schneiden. Den Salat putzen, waschen, abtropfen lassen und in feine Streifen schneiden. Die Kichererbsen abgießen.

Den Sesam und die Pekannüsse in einer beschichteten Pfanne fettfrei ca. 3 Minuten rösten.

Die Petersilie waschen, trocken schütteln und die Blättchen von den Stielen abzupfen. Die Granantapfelkerne ausbrechen. Die Kaki waschen, den Stielansatz entfernen und in Scheiben schneiden.

Den Salat und die Kichererbsen in Schüsseln anrichten. Mit Avocadospalten, geröstetem Sesam und Pekannüssen, Orangenspalten, Sprossen, Grantapfelkernen, Kaki, Petersilie und der Blutorangensoße garnieren.

Nährwerte p. P.:
237 kcal, 4,8 g Eiweiß, 17,4 g Fett, 12,6 g Kohlenhydrate

Info

ZEIT 25 min.
PERSONEN 4

VEGGIE-BOWL

ZUTATEN

- 1 Süßkartoffel
- 50 g Reis
- 120 ml Gemüsebrühe
- 1 Handvoll Kirschtomaten
- ½ Salatgurke
- 100 g Rotkohl
- 1 Möhre
- 50 g Salatblätter, z. B. Lollo bianco und Rucola
- 100 g Kichererbsen (Dose)
- 100 g Erbsen (Dose)
- 40 g Cashewkerne
- 2 EL Olivenöl
- 1 EL Apfelessig
- ½ EL Ahornsirup
- Salz und Pfeffer
- etwas Limettensaft
- 1 EL Sesamsamen

Die Süßkartoffel schälen, würfeln und für 20 Minuten im vorgeheizten Backofen bei 180 °C rösten.

Den Reis unter fließendem Wasser abspülen und mit der Gemüsebrühe 15 Minuten köcheln lassen. Danach abgießen.

Inzwischen die Kirschtomaten waschen und halbieren, die Salatgurke waschen und in Scheiben schneiden. Den Rotkohl waschen und dann fein hobeln. Die Möhre schälen und in feine Streifen schneiden. Die Salatblätter waschen und klein zupfen. Die Kichererbsen und die Erbsen abgießen.

Den Reis mit den Süßkartoffeln, Kirschtomaten, Gurken, Rotkohl, Möhren, Salat, Kichererbsen, Erbsen und Cashewkernen in eine Schüssel geben.

Für das Dressing das Olivenöl mit dem Apfelessig und Ahornsirup vermischen. Mit Salz und Pfeffer abschmecken und über die anderen Zutaten geben. Nach Belieben mit Limettensaft beträufeln und den Sesam darüber streuen.

Info

ZEIT 20 min.
PERSONEN 4

Nährwerte p. P.:
325 kcal, 9,2 g Eiweiß, 12,5 g Fett, 39,8 g Kohlenhydrate

SHIRATAKI-PFANNE

ZUTATEN

- 500 g Tofu
- ½ Kopf Brokkoli
- 1 rote Paprikaschote
- 2 Frühlingszwiebeln
- 2 Knoblauchzehen
- 2 rote Chilischoten
- 2 EL Olivenöl
- 3 EL Sojasoße
- Salz und Pfeffer
- 600 g Shirataki-Nudeln
- 1 EL Sesamkerne

Den Tofu in Scheiben schneiden. Den Brokkoli in Röschen teilen. Die Paprika halbieren, entkernen, waschen und in Streifen schneiden. Die Frühlingszwiebel putzen und in feine Röllchen schneiden. Den Knoblauch schälen und sehr fein hacken. Die Chilischoten putzen, längs einritzen, entkernen, waschen und in feine Ringe schneiden.

Die Brokkoliröschen zusammen mit der Paprika, den Frühlingszwiebeln, dem Knoblauch und den Chiliringen in dem Öl 2–3 Minuten anbraten.

Anschließend den Tofu zugeben, mit Sojasoße sowie Salz und Pfeffer würzen und weitere 2–3 Minuten anbraten, vorsichtig in der Pfanne wenden.

Währenddessen die Shirataki-Nudeln nach Packungsanweisung kochen, in ein Sieb abgießen und mit kaltem Wasser abbrausen.

Dann die Nudeln in die Pfanne geben und vorsichtig unter die Tofu-Mischung ziehen.

Mit den Sesamkernen bestreuen und servieren.

Info

ZEIT 15 min.
PERSONEN 4

Nährwerte p. P.:
270 kcal, 21,9 g Eiweiß, 14,8 g Fett, 10,1 g Kohlenhydrate

GARNELEN-TINTEN-FISCH-PFANNE

ZUTATEN

- 800 g Calamari, frisch, klein, à 35 g
- 12 Riesengarnelen, ohne Schale, à 20 g
- 200 g Tomaten
- 200 g rote Paprikaschoten
- 1 Zwiebel
- 1 rote Chilischote, ca. 20 g
- 3 Knoblauchzehen
- 6 EL Olivenöl
- Salz und Cayennepfeffer
- 3 EL Weißweinessig
- 1 Bund Petersilie
- 1 Zitrone, in Scheiben

Die Calamari unter fließendem kaltem Wasser die Haut abziehen. Die Fangarme (Tentakel) und das Chitinstück aus dem Körperbeutel ziehen. Den Körperbeutel von innen ebenfalls unter kaltem Wasser säubern. Die Fangarme mit einem scharfen Messer knapp über den Augen so vom Kopf trennen, dass sie untereinander durch einen schmalen Ring verbunden bleiben. Die Arme dann in der Mitte fassen und mit dem Zeigefinger die Kauwerkzeuge von unten herausdrücken. Die Calamari-Teile mit Küchenpapier trocken tupfen. Die Garnelen längs durchschneiden und die Därme entfernen. Dann die Garnelen kalt abspülen und und ebenfalls trocken tupfen.

Den Stielansatz der Tomaten entfernen, die Tomaten kurz blanchieren, häuten, entkernen und in Würfel schneiden. Die Paprikaschoten halbieren, entkernen und in kleine Würfel schneiden. Die Zwiebel schälen und würfeln. Die Chilischote entkernen und fein würfeln. Den Knoblauch schälen und fein würfeln. Das Öl in einer großen Pfanne stark erhitzen. Zuerst die Garnelen darin bei starker Hitze unter Wenden 2 Minuten anbraten, mit Salz und Cayennepfeffer würzen, mit einer Schaumkelle herausnehmen und beiseitestellen. Dann die Calamari im Bratfett ebenfalls bei starker Hitze 2 Minuten unter Wenden braten und dann herausnehmen.

Nun Paprika, Zwiebelwürfel, Chili und Knoblauch in die Pfanne geben und ca. 5 Minuten andünsten, mit dem Essig ablöschen und einkochen lassen. Mit Salz und Cayennepfeffer würzen.

Zum Schluss die Calamari, Garnelen und Tomaten zugeben und weitere 3 Minuten garen. Die Petersilie waschen, trocken tupfen, fein hacken und unter das Gericht heben. Mit Zitronenscheiben garnieren.

Info

ZEIT 30 min.
PERSONEN 4

Nährwerte p. P.:
385 kcal, 45 g Eiweiß, 18 g Fett, 9 g Kohlenhydrate

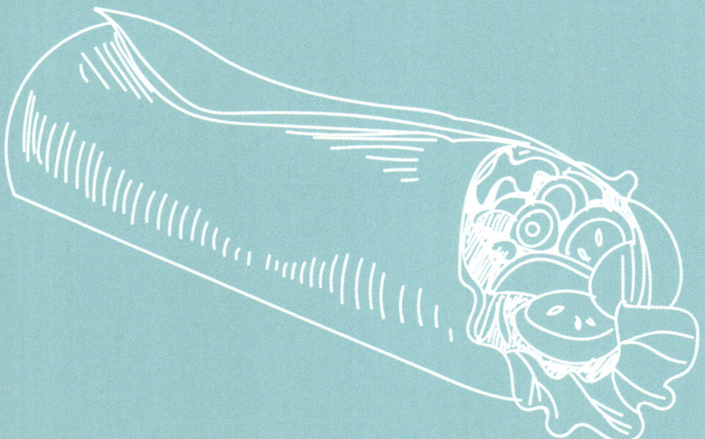

Burger, Pizza, Wraps

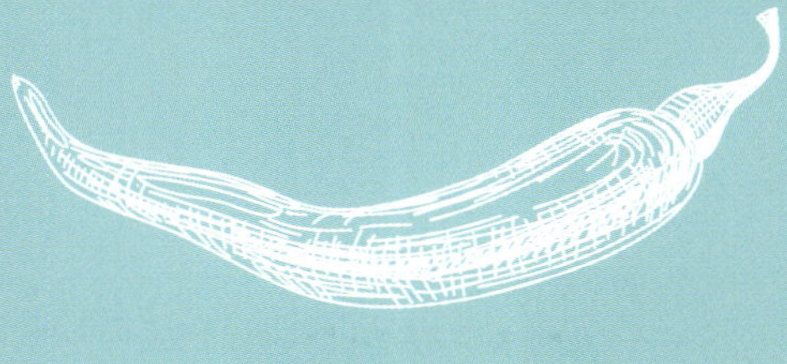

KLASSIK-BURGER

ZUTATEN

Für die Buns:
- 50 g Leinsamenmehl
- 50 g Mandelmehl
- 25 g Kokosmehl
- 30 g Flohsamenschalen
- 30 g Chiasamen
- 50 g Haselnüsse, gehobelt
- ½ TL Salz
- ½ Päckchen Backpulver
- 3 Eier, Größe L
- 100 g Frischkäse, 20 % Fett i. Tr.
- 100 g Speisequark, Magerstufe
- 1 TL Essig
- 1 TL Sesam

Für die Patties:
- 500 g grobfaseriges, nicht zu mageres Rindfleisch (z. B. Hals, Nacken, Hochrippe)
- 1 Zwiebel
- 1 Ei, Größe L
- 1 TL frischer Ingwer, ganz fein gewürfelt oder fein gerieben
- 1 TL spanisches Paprikapulver, extra scharf
- 1 Prise schwarzer Pfeffer aus der Mühle
- 2 TL feines Meersalz

Den Backofen auf 180 °C Ober- und Unterhitze vorheizen.

Für die Buns die trockenen Zutaten in eine Schüssel geben und miteinander vermengen. Dann Eier, Frischkäse, Quark und Essig hinzugeben. Alles verrühren, bis eine homogene Masse entstanden ist, und vier Brötchen daraus formen. Diese mit Sesam bestreuen.

Die Brötchen auf ein mit Backpapier ausgelegtes Backblech legen und dann für ca. 30 Minuten in den Backofen geben, bis sie schön braun geworden sind. Aus dem Ofen nehmen und vor der weiteren Verwendung kurz abkühlen lassen.

In der Zwischenzeit für die Patties das Rindfleisch in feine Würfel schneiden und durch die mittlere Scheibe des Fleischwolfes laufen lassen, alternativ vom Metzger grob wolfen lassen. Die Zwiebel schälen, fein würfeln und zum Fleisch geben. Die restlichen Patty-Zutaten mit zwei Gabeln gut im Rinderhack verteilen, aber die Masse nicht kneten.

Eine kleine Probe des Fleischteiges platt drücken und in einer heißen Pfanne zum Test braten. Sollte das Patty auseinanderfallen, ein zweites Ei zum Fleischteig geben.

Den Fleischteig anschließend auf einem mit einer Küchenfolie bespannten Brett mit dem Nudelholz auf 2 cm Dicke auswalzen und mit einem passenden Gegenstand (großer Servierring oder eine kleine Schüssel) vier Patties mit je ca. 10 cm Durchmesser ausstechen bzw. die Masse anderweitig in Form bringen und auf einen Teller legen. Dann die Patties von beiden Seiten bei hoher Temperatur ca. 2–3 Minuten in der Pfanne oder auf dem Grill rösten. Anschließend im Ofen warm halten.

Nährwerte p. P.:
708 kcal, 61 g Eiweiß, 41 g Fett, 13,4 g Kohlenhydrate

Die Zutaten für die Soße mit einem Schneebesen verrühren.

Für die Garnitur die Zwiebel schälen und etwa zwei Drittel davon in Scheiben schneiden. Den Rest der Zwiebel in feine Würfel schneiden. Die Tomaten waschen und ebenso wie die Gurke in Scheiben schneiden. Den Salat waschen, trocken tupfen und die Blätter abzupfen.

Zum Servieren die Buns in der Mitte durchschneiden und die beiden Teile mit den Schnittflächen nach unten kurz auf den Grill geben oder in der Pfanne anrösten. Die unteren Hälften zuerst mit ein paar Zwiebelwürfeln bestreuen, dann Salatblätter darauf verteilen. Darauf pro Burger ¼ der Soße geben. Anschließend die Patties darauflegen und mit Gurke, Cheddar, Tomate und Zwiebelringen garnieren. Die zweite Brötchenhälfte darauf drücken und die Burger servieren.

Für die Soße:
- 10 g Dijonsenf (ca. 1 TL)
- 50 g Ketchup, ohne Zucker; alternativ selbst gemachter Ketchup von Seite 117
- 60 g Mayonnaise, zuckerfrei
- etwas Salz

Für die Garnitur:
- 1 große Zwiebel
- 2 Strauchtomaten
- 1 große Gewürzgurke (mit Stevia eingelegt)
- ½ Kopf Eichblattsalat
- 4 Scheiben Cheddar-Käse

Info

ZEIT 40 min.
PERSONEN 4

LACHS-BURGER MIT PILZ-BUNS

ZUTATEN

Für Patties und Buns:
- 300 g Lachs
- 1 Zweig Koriander
- 2 Eier, Größe L
- Saft von ½ Limette
- 20 g Kokosmehl
- 1 EL Tomatenmark
- Salz und Pfeffer
- 1 EL Kokosöl
- 8 Portobello-Champignons (Riesenchampignons)

Für die Garnitur:
- 1 große Tomate
- 60 g Spinat- oder Salatblätter
- ½ Aubergine

Tipp

Sehr lecker ist es auch, wenn Sie die Burger noch mit etwas geriebenem Käse bestreuen und dann ganz kurz im heißen Ofen den Käse zerlaufen lassen.

Info

ZEIT 25 min.
PERSONEN 4

Den Lachs zuerst in feine Streifen, dann in feine Würfel schneiden. Die Korianderblätter vom Stiel abzupfen und fein schneiden.

Anschließend den Lachs mit den Eiern, Limettensaft, Kokosmehl, Tomatenmark und Koriander vermischen. Mit Salz und Pfeffer würzen. Wenn der Teig zu fest wird, etwas Wasser zugeben, bis sich die Masse leicht formen lässt. Alternativ kann die Lachsmischung auch im Mixer fein püriert werden. Aus dem Fischteig vier Lachs-Patties formen.

Das Kokosöl in einer Pfanne erhitzen und die Lachs-Patties von beiden Seiten anbräunen. So lange bei kleiner Hitze weiter braten, bis sie durchgegart sind und fest zusammenhalten.

Die Portobello-Champignons waschen, putzen und die Stiele entfernen. In einer flachen Pfanne eine halbe Tasse Wasser erhitzen und die Portobello- Champignons darin so lange dünsten, bis sie leicht zusammenschrumpfen. Dazu die Champignons am besten mit der Oberseite nach unten in die Pfanne geben.

Die Tomate waschen, vom Strunk befreien und in feine Würfel schneiden. Die Spinat- oder Salatblätter waschen, trocken schütteln und fein hacken. Mit der Tomate vermischen. Die Aubergine waschen und in Scheiben schneiden, diese leicht salzen und in der Pfanne, in der die Patties gegart wurden, 1–2 Minuten anbraten.

Für den Burger jeweils einen Lachs-Patty auf eine Auberginenscheibe legen und auf einen Portobello-Pilz legen. Darauf anschließend einen Klecks der Tomaten-Spinat-Mischung geben. Zum Schluss noch einen zweiten Portobello-Pilz obenauf legen und das Ganze servieren.

Nährwerte p. P.:
268 kcal, 26 g Eiweiß, 14,7 g Fett, 4,7 g Kohlenhydrate

YELLOW-BUN-BURGER

Den Backofen auf 175 °C Umluft vorheizen.

Die Zutaten für die Buns, bis auf den Sesam, mit einem Quirl vermengen und ca. 5 Minuten quellen lassen. Anschließend zu handflächengroßen Talern formen. Mit dem Sesam bestreuen. Auf ein mit Backpapier ausgelegtes Backblech setzen und auf der mittleren Schiene im Backofen ca. 25–30 Minuten backen. Danach auf einem Kuchengitter auskühlen lassen.

In der Zwischenzeit die Soße zubereiten. Dazu die Kapern gut abtropfen lassen. Das Öl in einer Pfanne erhitzen und die Kapern darin knusprig braten. Herausnehmen und abkühlen lassen. Dann Mayonnaise, saure Sahne und Kapern miteinander verrühren.

Für die Garnitur den Salat putzen, waschen, trocken schütteln und eventuell etwas zerkleinern. Die Bohnen in dünne Scheiben schneiden und 2–3 Minuten in kochendem Wasser blanchieren, herausnehmen und beiseitestellen. Die Tomate waschen, vom Strunk befreien und in Scheiben schneiden.

Für die Patties das Hähnchenfleisch in feine Würfel schneiden und mit Salz und Pfeffer sowie dem Ei gut vermengen. Die Masse zu 4 Patties formen und in einer heißen Pfanne mit Öl von beiden Seiten 3–4 Minuten braten. Anschließend herausnehmen und für etwa 2 Minuten ruhen lassen.

Die ausgekühlten Buns aufschneiden. Die unteren Bun-Hälften mit der Kaperncreme bestreichen, mit Salatblättern, den Tomatenscheiben und den Patties belegen, darauf die Bohnen und noch etwas Salat geben, den Deckel auflegen und die Burger sofort servieren.

Nährwerte p. P.:
408 kcal, 29 g Eiweiß, 25,8 g Fett, 10,9 g Kohlenhydrate

ZUTATEN

Für die Buns:

- 100 ml Mineralwasser
- 2 Eier, Größe M
- 50 g Haferkleie
- 30 g Eiweißpulver, neutral
- 30 g Leinsamenmehl
- 10 g Flohsamenschalen
- 1 TL Backpulver
- ½ TL Salz
- 1 TL Kurkuma
- 1 TL schwarzer Sesam

Für die Soße:

- 3 EL Kapern
- 1 EL Rapsöl
- 40 g Mayonnaise
- 60 g saure Sahne

Für die Garnitur:

- 8 Blätter Lolo bianco
- 50 g Brechbohnen
- 1 Fleischtomate

Für die Patties:

- 200 g Hähnchenfleisch
- Meersalz, frisch gemahlener Pfeffer
- 1 Ei, Größe L
- 2 EL Rapsöl

Info

ZEIT 45 min.
PERSONEN 4

EGG-BUN-BURGER

ZUTATEN

Für die Buns:
- 4 Eier, Größe L
- ½ TL Backpulver
- 120 g Frischkäse, 20 % Fett i. Tr.
- 1 TL Salz

Für die Patties:
- 400 g Rinderfilet
- 1 Knoblauchzehe
- 2 Eier, Größe L
- Salz nach Geschmack
- 1 TL Paprikapulver
- 1 TL Zwiebelpulver
- 2 EL Rapsöl

Für die Garnitur:
- 1 Tomate
- 1 Handvoll Blattsalat
- 2 mittelgroße rote Zwiebeln
- 3 Gewürzgurken (mit Stevia eingelegt)

Für die Soße:
- 2 EL Tomatenmark
- 1 EL Senf

Den Backofen auf 150 °C Umluft vorheizen. Ein Backblech mit Backpapier auslegen.

Für die Buns die Eier trennen. Das Eiweiß zusammen mit dem Backpulver mit einem Handrührgerät sehr steif schlagen. Die Eigelbe mit dem Frischkäse zu einer glatten Masse verrühren. Mit Salz würzen. Anschließend den Eischnee vorsichtig unter die Eigelbmasse heben. Dann die Eimasse in acht gleich großen Portionen flach auf dem Backblech verteilen. Im vorgeheizten Backofen auf der mittleren Schiene ca. 15 Minuten goldgelb backen.

In der Zwischenzeit das Rinderfilet waschen, trocken tupfen und in feine Würfel schneiden. Den Knoblauch schälen und in feine Streifen schneiden. Das Rinderhack mit dem Knoblauch, den Eiern, Salz, Paprika- und Zwiebelpulver gründlich vermengen. Vier gleich große Burger-Patties daraus formen.

In einer Pfanne das Öl erhitzen und die Patties darin von beiden Seiten insgesamt ca. 5–6 Minuten braun braten.

Die Tomate und die Salatblätter waschen. Die Zwiebeln schälen. Tomate, Zwiebeln und Gewürzgurken in feine Scheiben bzw. Ringe schneiden.

Für die Soße das Tomatenmark mit dem Senf verrühren.

Vier der gebackenen Brötchenhälften vom Blech nehmen und mit etwas Soße bestreichen. Mit Salat, den Patties, Tomate, Zwiebeln und Gewürzgurke belegen. Dann die anderen Brötchenhälften darauflegen.

Info

ZEIT 45 min.
PERSONEN 4

Nährwerte p. P.:
355 kcal, 37 g Eiweiß, 19,5 g Fett, 6,7 g Kohlenhydrate

AVOCADO-PIZZA MIT BROKKOLI-BODEN

Den Backofen auf 200 °C Ober-/Unterhitze vorheizen. Ein Backblech mit Backpapier auslegen.

Den Brokkoli in kleine Röschen zerteilen und in einer Küchenmaschine fein zerkleinern. Dann den Brokkoli in einer Schüssel mit den Eiern, Parmesan, Mozzarella, Sonnenblumenkernen und Gewürzen gut vermischen.

Die Masse auf dem Backblech ca. 0,5 cm dick fest andrücken und den Brokkoli-Boden 10–12 Minuten backen.

Die Avocado schälen, entkernen und in Streifen schneiden. Die Champignons putzen und in Scheiben schneiden.

Den vorgebackenen Pizzaboden aus dem Ofen nehmen, mit Käse, Champignons und Avocado belegen und mit Salz und Pfeffer nachwürzen. Die Pizza nochmals ca. 15 Minuten backen.

Die Petersilie waschen und klein zupfen.

Die Brokkoli-Pizza in Stücke schneiden, mit Petersilie bestreuen und servieren.

ZUTATEN

Für den Boden:

- 500 g Brokkoli
- 2 Eier, Größe L
- 30 g Parmesan
- 30 g geriebener Mozzarella
- 30 g Sonnenblumenkerne
- ¼ TL Salz
- ¼ TL Pfeffer

Für den Belag:

- 1 Avocado
- 200 g Champignons
- 125 g geriebener Emmentaler
- Salz und Pfeffer
- ¼ Bund Petersilie

Info

ZEIT 30 min.
PERSONEN 2

Nährwerte p. P.:
855 kcal, 57 g Eiweiß, 61 g Fett, 15,8 g Kohlenhydrate

PIZZA MIT BLUMEN-KOHL-BODEN

ZUTATEN

- ½ Kopf Blumenkohl
- Salz
- 2 Eier, Größe L
- 125 g Mozzarella
- 50 g Parmesan
- 50 g Blattspinat
- 1 Knoblauchzehe
- Pfeffer
- 50 g Pesto (Seite 110)
- Basilikumblätter

Den Blumenkohl putzen und sehr fein raspeln (wenn vorhanden, kann dazu eine Küchenmaschine/Thermomix verwendet werden) und in ein Küchensieb legen, welches zuvor mit einem Küchentuch ausgelegt wurde. Leicht salzen und 10 Minuten in dem Sieb lassen. Anschließend die Masse mit dem Tuch fest auswringen.

Nun den Backofen auf 200 °C Ober-/Unterhitze vorheizen.

Den Blumenkohl mit den Eiern, 50 g des Mozzarellas und dem Parmesan verkneten, bis eine Art Teig entsteht.

Ein Backblech mit Backpapier auslegen und den Pizzateig ca. 0,5 cm dick darauf ausrollen. Den Pizzaboden ca. 20 Minuten backen.

Den Blattspinat waschen und grob hacken. Den Knoblauch schälen und sehr fein hacken und zusammen mit dem Pfeffer unter den Spinat rühren. Den restlichen Mozzarella in Scheiben schneiden.

Den Pizzaboden aus dem Ofen nehmen, wenden und mit dem Pesto bestreichen. Dann den Spinat und den restlichen Mozzarella darauf verteilen und weitere 5–8 Minuten fertig backen.

Nach dem Backen mit Basilikum garnieren.

Info

ZEIT 20 min.
PERSONEN 4

Nährwerte p. P.:
283 kcal, 16,3 g Eiweiß, 22,2 g Fett, 3,5 g Kohlenhydrate

EIERPIZZA MIT RUCOLA

ZUTATEN

Für den Boden:

- 200 g Magerquark
- 175 g geriebener Mozzarella oder anderer geriebener Käse
- 3 Eier, Größe L
- Oregano und Pfeffer

Für den Belag:

- 75 g Mozzarella
- 50 g kalte Paprikasoße (Seite 112)
- 1 Bund Rucola
- 1 TL Olivenöl

Den Backofen auf 150 °C Umluft vorheizen.

Eine Schüssel für den Pizzateig bereitstellen. Den Quark, den geriebenen Käse und die Eier darin gut vermengen. Mit etwas Oregano und Pfeffer würzen.

Den Teig auf einem mit Backpapier ausgelegten Backblech ausstreichen und für 15–18 Minuten vorbacken. In der Zwischenzeit den Mozzarella in Scheiben schneiden.

Den vorgebackenen Teig aus dem Ofen nehmen, mit Paprikasoße bestreichen und die Mozzarellascheiben darauf verteilen. Für weitere 5 Minuten backen, bis die gewünschte Garstufe erreicht ist.

Den Rucola waschen und verlesen.

Am Ende der Garzeit die Pizza mit Rucola belegen, mit etwas Olivenöl beträufeln und genießen.

Info

ZEIT 40 min.
PERSONEN 4

Nährwerte p. P.:
590 kcal, 47,6 g Eiweiß, 39,8 g Fett, 9,2 g Kohlenhydrate

AUBERGINEN-PIZZA

ZUTATEN

- 2 Auberginen
- 2 EL Olivenöl
- 1 kleine Knoblauchzehe
- 50 g Kirschtomaten
- 250 g Mozzarella
- 100 g Tomatenmark
- 50 g Parmesan, frisch gerieben
- Salz, Pfeffer aus der Mühle
- ½ TL Thymian, getrocknet
- ¼ TL Chiliflakes
- 4 Stängel Basilikum

Die Auberginen waschen und trocken tupfen. Stiel- und Blütenansatz entfernen, danach quer in gleichmäßig dicke (1 cm) Scheiben schneiden.

Eine Grillpfanne mit dem Öl ausstreichen, die Auberginenscheiben darin bei starker Hitze 4–5 Minuten braten, dabei öfter wenden.

Den Backofen auf 200 °C Umluft mit Grillfunktion vorheizen. Ein Backblech mit Backpapier auslegen und die Auberginenscheiben darauf verteilen.

Den Knoblauch schälen und fein hacken. Die Tomaten waschen und vierteln. Den Mozzarella abgießen, trocken tupfen und wie für ein Tartar fein würfeln. In einer Schüssel mit den Tomaten, dem Knoblauch, dem Tomatenmark und der Hälfte des Parmesans gut mischen. Mit Salz, Pfeffer, Thymian und Chili pikant würzen.

Die Mozzarella-Masse gleichmäßig auf den Auberginenscheiben verteilen und flach andrücken.

Inzwischen das Basilikum abbrausen und trocken tupfen, die Hälfte in Blättchen abzupfen und den Rest fein hacken. Den restlichen Parmesan mit dem gehackten Basilikum mischen und auf die Mozzarella-Masse streuen.

Die Auberginenpizza im vorgeheizten Backofen 4–5 Minuten grillen.

Anschließend die Mini-Pizzen mit je ein oder zwei Basilikumblättern garnieren und heiß servieren.

Tipp

Das Mozzarella-„Tartar“ schmeckt auch kalt, z. B. als Füllung von ausgehöhlten Tomaten, Minipaprikaschoten oder als Aufstrich zu dem Fladenbrot des Mediterranen Fladen-Wraps (Seite 64).

Info

ZEIT 15 min.
PERSONEN 4

Nährwerte p. P.:
298 kcal, 16,9 g Eiweiß, 22,3 g Fett, 6,1 g Kohlenhydrate

MEDITERRANER FLADEN-WRAP

ZUTATEN

Für die Fladen:
- 1 Ei, Größe L
- 1 EL Öl
- 1 EL Kokosmehl
- 30 g Mandelmehl
- ½ TL Salz
- ½ TL Natron

Für die Füllung:
- 400 g Putenschnitzel
- 3 EL Öl
- 1–2 EL Gyros-Gewürzsalz
- 250 g Magerquark
- 250 g Vollmilch-Joghurt
- 1–2 Knoblauchzehen
- Salz, schwarzer Pfeffer
- 2 mittelgroße Zwiebeln
- 4 mittelgroße Tomaten
- 1/2 kleiner Eisbergsalat
- ¼ Salatgurke
- 50 g Feta

Den Backofen auf 175 °C Umluft vorheizen. Ein Backblech mit Backpapier auslegen.

Für die Wraps das Ei mit dem Öl und ca. 65 ml Wasser verrühren. Kokosmehl, Mandelmehl, Salz und Natron zugeben. 4 flache Fladen formen, auf das Backpapier geben und diese für ca. 20–25 Minuten auf der mittleren Schiene im Backofen backen.

In der Zwischenzeit das Putenfleisch waschen, trocken tupfen und in dünne Streifen schneiden. Das Öl mit dem Gyros-Gewürzsalz verrühren. Mit dem Fleisch in eine Schüssel geben, mischen und gut 15 Minuten durchziehen lassen.

Den Quark und Joghurt miteinander verrühren. Den Knoblauch schälen und durch eine Knoblauchpresse in die Quark-Joghurt-Masse drücken. Verrühren und mit Salz und Pfeffer abschmecken.

Die Zwiebeln schälen und in dünne Ringe schneiden. Die Tomaten waschen, putzen und in Spalten schneiden. Den Salat putzen, waschen und in Streifen schneiden. Die Gurke waschen und in Würfel schneiden. Alle Salatzutaten miteinander vermischen.

Das Gyros-Fleisch in einer heißen Pfanne ca. 8 Minuten unter Wenden braten.

Auf jeden Fladen jeweils ¼ des Fleischs, des Salats und des Fetas geben. Den Quark-Joghurt darauf geben, die Fladen von beiden Seiten etwas einrollen und servieren.

Info

ZEIT 45 min.
PERSONEN 4

Nährwerte p. P.:
413 kcal, 45,3 g Eiweiß, 18,9 g Fett, 11,8 g Kohlenhydrate

SCHINKEN-KÄSE-WRAPS

ZUTATEN

- 100 g körniger Hüttenkäse
- 2 frische Chilischoten
- 2 Avocados
- 2 EL Olivenöl
- 2 TL Sojasoße
- Salz und Pfeffer nach Geschmack
- 1 Bund frische Blattpetersilie
- 100 g rote Zwiebeln
- 200 g Speisequark, 40 % Fett
- 1 EL Birnendicksaft
- ½ TL Currypulver
- 1 Fleischtomate
- 8 große Blätter Eisbergsalat oder Lollo bianco
- 4 Streifen Pergamentpapier
- 100 g Bauernschinken, in Scheiben
- 100 g Gouda, in Scheiben

Den Hüttenkäse auf ein Sieb gießen und gut abtropfen lassen.

Die Chilischoten halbieren, die Kerne entfernen und die Schoten in feine Streifen schneiden. Die Avocados halbieren, die Kerne herauslösen, die Schale entfernen und das Fruchtfleisch in ca. 1 cm große Würfel schneiden.

Das Öl in einer Pfanne erhitzen und den Hüttenkäse mit den Chilistreifen und den Avocadowürfeln darin ca. 1–2 Minuten von allen Seiten anbraten. Mit Sojasoße, Salz und Pfeffer würzen. Anschließend aus der Pfanne nehmen und in eine Schüssel geben.

Die Petersilie waschen, trocken schütteln, entstielen und fein hacken. Die Zwiebeln schälen und in Ringe schneiden, dann die Petersilie und die Zwiebelringe zusammen mit dem Quark und dem Birnendicksaft zu dem Hüttenkäse geben und alles gut vermischen. Mit Currypulver, Salz und Pfeffer würzen.

Die Fleischtomate waschen und in dünne Scheiben schneiden. Die Salatblätter waschen und trocken schütteln.

Auf jeden Streifen Pergamentpapier jeweils zwei Salatblätter für einen Wrap übereinanderlegen. Die Hüttenkäse-Quark-Masse jeweils zu ¼ darauf streichen. Darauf die Schinken- und Käsescheiben und die Tomaten gleichmäßig verteilen und zu einem Wrap einrollen.

Info

ZEIT 20 min.
PERSONEN 4

Nährwerte p. P.:
448 kcal, 22,3 g Eiweiß, 33,5 g Fett, 11,3 g Kohlenhydrate

SALAT-WRAP

ZUTATEN

- 100 g Hähnchenbrust
- 2 EL Olivenöl
- 2 TL Sojasoße
- Salz, Pfeffer
- 3 Radieschen
- 1 Möhre
- 100 g rote Bohnen (Dose)
- 1 Bund frische Blattpetersilie
- 100 g rote Zwiebeln
- 200 g Quark, 40 % Fett
- 1 EL Birnendicksaft
- 2 EL Hüttenkäse
- ½ TL Currypulver
- 8 große Blätter Lollo bianco oder Kopfsalat
- 30 g Sprossen

Die Hähnchenbrust waschen und in einer heißen Pfanne mit Öl 3–4 Minuten braten und anschließend in Würfel schneiden. Mit Sojasoße, Salz und Pfeffer würzen. Dann in eine Schüssel geben.

Die Radieschen waschen und in Streifen schneiden. Die Möhre schälen und in feine Streifen schneiden. Die Bohnen abtropfen lassen. Die Radieschen, Möhren und Bohnen zu dem Fleisch geben und verrühren.

Die Petersilie waschen, trocken schütteln, entstielen und fein hacken. Die Zwiebeln schälen und in Ringe schneiden. Petersilie und Zwiebeln sowie den Quark, Birnendicksaft und Hüttenkäse miteinander vermischen und mit Currypulver, Salz und Pfeffer würzen.

Die Salatblätter waschen, trocken schütteln und jeweils zwei Blätter für einen Wrap übereinanderlegen.

Die Quarkmasse gleichmäßig darauf verteilen. Darauf das Fleisch mit Radieschen, Möhren und Bohnen geben und mit Sprossen anrichten.

Tipp

Wenn Sie möchten, können Sie die Wraps noch mit Sesamkernen oder anderen Kernen bestreuen.

Info

ZEIT 20 min.
PERSONEN 4

Nährwerte p. P.:
206 kcal, 15,5 g Eiweiß, 12 g Fett, 7,6 g Kohlenhydrate

VEGGIE-SOMMERROLLEN

Die Möhren schälen und in Streifen schneiden. Die Zuckerschoten waschen und abtropfen lassen. Die Paprika waschen, entkernen und in Streifen schneiden. Die Avocado vom Kern lösen, schälen und in Streifen schneiden. Die Champignons putzen und in feine Scheiben schneiden. Den Brokkoli in feine Röschen teilen. Die Sprossen putzen, waschen und abtropfen lassen.

Das Sesamöl in einer großen Pfanne erhitzen. Das gesamte Gemüse und die Sprossen in der Pfanne unter Wenden ca. 2 Minuten kräftig anbraten. Mit Salz abschmecken, herausnehmen und abkühlen lassen.

In der Zwischenzeit den Salat putzen, waschen und trocken schleudern.

Das Reispapier nach Packungsanweisung vorbereiten und nebeneinander auf die Arbeitsfläche legen.

Den Salat und das Gemüse mittig auf den Reispapier-Blättern verteilen. Eine Reispapier-Hälfte über die Füllung klappen, die Seiten darüber klappen und zu Röllchen aufrollen.

Die Sommerröllchen auf Tellern anrichten und die Chilisoße dazu reichen.

ZUTATEN

- 200 g Möhren
- 100 g Zuckerschoten
- 2 Paprikaschoten (1 gelbe +1 rote)
- ½ Avocado
- 50 g Champignons
- ½ Brokkoli
- 100 g Mungobohnen-Sprossen
- 1 TL Sesamöl
- Salz nach Geschmack
- 1 kleines Römersalatherz (ca. 150 g)
- 12 runde Reispapier-Blätter (à ca. 16 cm Ø)
- 8 EL Chilisoße

Info

ZEIT 20 min.
PERSONEN 2

Nährwerte p. P.:
492 kcal, 17,2 g Eiweiß, 10,6 g Fett, 72 g Kohlenhydrate

BARBECUE-HÄHNCHEN-WRAP

ZUTATEN

Für das Fladenbrot:
- 3 Eier, Größe M
- 100 g Frischkäse
- 1 EL Flohsamenschalen, gemahlen
- 1 P Backpulver
- 1 Prise Salz
- 50 g Gouda, gerieben

Für die Füllung:
- 400 g Hähnchenbrustfilet
- 300 g Tomaten
- 60 g Frühlingszwiebeln
- 1 Dose Mais (285 g Füllmenge)
- 50 g Feldsalat
- 1 EL Rapsöl
- Salz und Pfeffer

Für den Tomaten-Dip:
- 150 g Joghurt, 3,5 % Fett
- 1 EL selbst gemachter Ketchup (Seite 117)
- 1 EL Petersilie, fein geschnitten
- Salz und Pfeffer

Den Backofen auf 150 °C Umluft vorheizen und ein Backblech mit Backpapier auslegen.

Für das Fladenbrot die Eier trennen. Dann Eidotter, Frischkäse, Flohsamenschalen, Backpulver, Salz und Gouda miteinander verrühren. Das Eiklar zu festem Eischnee schlagen und unter den Teig heben. Den Teig in vier Teile teilen und jeweils ca. 1 cm dick ausrollen. Die Fladen auf das Backblech legen und im vorgeheizten Ofen ca. 25 Minuten backen. Sobald sie braun werden, sofort aus dem Ofen nehmen.

Für die Füllung das Hähnchenbrustfilet der Länge nach halbieren, dann quer in Streifen schneiden. Die Tomaten waschen, trocken tupfen, vierteln, Stielansätze und Samen entfernen und das Fruchtfleisch würfeln. Die Frühlingszwiebeln waschen, trocken tupfen, putzen und in Ringe schneiden. Den Mais in ein Sieb schütten und abtropfen lassen. Den Feldsalat waschen und gut abtropfen lassen.

Das Öl in einer Pfanne erhitzen und die Hähnchenbrustfiletstreifen darin gut anbraten. Dann die Maiskörner und Frühlingszwiebeln hinzufügen. Zum Schluss die Tomatenwürfel dazugeben, alles mit Salz und Pfeffer würzen, nochmals durchschwenken und warm halten.

Für den Dip alle Zutaten in einer kleinen Schüssel miteinander verrühren. Auf jeden Wrap ¼ des Dips streichen und mit Feldsalat belegen. Die Hähnchenfüllung darauf verteilen. Den Wrap erst unten einmal umschlagen, dann die seitlichen Ränder einschlagen und eng aufrollen.

Tipp

Wenn Sie die Wraps nach dem Einrollen in Pergamentpapier wickeln, lassen sie sich gut mitnehmen und unterwegs essen.

Info

ZEIT 40 min.
PERSONEN 4

Nährwerte p. P.:
360 kcal, 38,3 g Eiweiß, 14,3 g Fett, 16,2 g Kohlenhydrate

Schnitzel, Spieße, Würstchen

SCHNITZEL MIT SALAT

ZUTATEN

Für den Salat:
- ½ kleiner Pflücksalat
- 1 Salatgurke
- 50 g Kirschtomaten

Für die Vinaigrette:
- 3 EL Weißweinessig
- Salz, weißer Pfeffer
- 1 TL Senf
- 4 EL Öl
- 1 Bund Schnittlauch

Für die Schnitzel:
- 4 (à 130 g) dünne Kalbsschnitzel
- Salz und Pfeffer
- 2 Eier, Größe M
- 3 EL Mandelmehl
- 2 EL Paniermehl
- 40 g Butterschmalz
- 1 Zitrone

Den Pflücksalat putzen, waschen, gut abtropfen lassen und in mundgerechte Stücke zupfen. Die Salatgurke waschen, putzen und in Scheiben schneiden. Die Tomaten waschen und vierteln.

Für die Vinaigrette Essig, Salz, Pfeffer und Senf miteinander verquirlen. Das Öl tröpfchenweise darunter schlagen. Den Schnittlauch waschen, trocken tupfen und in feine Ringe schneiden. Zur Vinaigrette geben, abschmecken und gegebenenfalls mit Salz und Pfeffer nachwürzen.

Die Schnitzel waschen, trocken tupfen und etwas flacher klopfen. Mit Salz und Pfeffer würzen.

Die Eier in einem tiefen Teller verquirlen. Auf einen weiteren Teller das Mandelmehl und auf einen dritten Teller das Paniermehl geben. Die Schnitzel zuerst in Mandelmehl, dann in Ei und zuletzt in Paniermehl wenden.

Das Butterschmalz in einer Pfanne erhitzen. Die Schnitzel darin schwimmend 3–5 Minuten ausbacken. Dabei einmal wenden und immer wieder etwas von dem heißen Fett darüber schöpfen.

Den Salat mit der Vinaigrette mischen. Die Zitrone waschen und in Spalten schneiden.

Die Schnitzel mit dem angerichteten Salat und Zitronenspalten servieren.

Tipp

Reichen Sie dazu den zuckerfreien Ketchup von Seite 117.

Info

ZEIT 15 min.
PERSONEN 4

Nährwerte p. P.:
398 kcal, 33,3 g Eiweiß, 24,7 g Fett, 7,4 g Kohlenhydrate

ÜBERBACKENES MOZZARELLA-SCHNITZEL

ZUTATEN

- 4 Hähnchenbrustfilets (à 160 g)
- Salz und Pfeffer
- 2 EL Kokosflocken
- 2 EL Mandelmehl
- 1 Ei, Größe L
- 4 EL Rapsöl
- 150 g Mozzarella
- ½ Bund Schnittlauch
- 1 Zitrone

Den Backofen auf 220 °C Umluft vorheizen.

Die Hähnchenbrustfilets waschen und trocken tupfen und mit Salz und Pfeffer würzen.

Die Kokosflocken mit dem Mandelmehl mischen und auf einen Teller geben. Das Ei in einem tiefen Teller verquirlen. Die Hähnchenbrust zuerst in Ei und dann in der Kokos-Mandelmischung wälzen.

Das Hähnchen in einer heißen Pfanne mit dem Öl von beiden Seiten 5–6 Minuten goldbraun braten.

In der Zwischenzeit den Mozzarella abtropfen lassen und in Scheiben schneiden.

Anschließend die gebratene Hähnchenbrust in eine Auflaufform geben, mit dem Mozzarella belegen und 10 Minuten im heißen Ofen braten.

Den Schnittlauch waschen, trocken schütteln und in Röllchen schneiden. Die Zitrone in Scheiben schneiden.

Zum Servieren die Hähnchenbrust zusammen mit dem Schnittlauch und den Zitronenscheiben auf Tellern anrichten.

Info

ZEIT 30 min.
PERSONEN 4

Nährwerte p. P.:
423 kcal, 49,3 g Eiweiß, 24 g Fett, 1,7 g Kohlenhydrate

GEBACKENE PUTENSCHNITZEL MIT TOMATENDIP

ZUTATEN

Für die Filets:
- 500 g Putenschnitzel
- 1 Zwiebel
- 50 g Parmesan, am Stück
- 1 Ei, Größe M
- 25 g Sesam
- 1 EL Leinsamenschrot
- 1–2 g Basilikum, getrocknet
- ½ TL Paprikapulver, edelsüß
- Salz und Pfeffer
- 1 EL Rapsöl

Für den Dip:
- 500 ml passierte Tomaten
- 40 g Tomatenmark
- 2 EL Apfelessig
- 1 TL Honig
- ½ TL Salz
- Pfeffer nach Geschmack
- etwas Rosmarin, getrocknet
- etwas Oregano, getrocknet
- 1 Prise Knoblauchpulver

Die Putenschnitzel waschen, trocken tupfen, in 3–5 cm Stücke schneiden und in eine Schüssel geben. Die Zwiebel schälen und sehr fein würfeln. Den Parmesan fein hobeln. Die Putenfleischstücke mit Zwiebelwürfeln, Parmesan, Ei, Sesam, Leinsamenschrot und Basilikum vermengen. Mit Paprikapulver, Salz und Pfeffer würzen.

Das Rapsöl in einer Pfanne erhitzen und das Fleisch darin rundherum ca. 5–6 Minuten anbraten.

Für den Dip die passierten Tomaten zusammen mit dem Tomatenmark, Apfelessig und Honig in einem Topf unter Rühren erhitzen. Jetzt die Gewürze dazugeben und gut durchrühren. Die Hitze dann reduzieren und den Dip etwas einkochen lassen. Wenn er zu dickflüssig wird, etwas Wasser dazugeben. Vor dem Servieren abschmecken und eventuell nachwürzen, dann abkühlen lassen.

Zum Servieren die Putenschnitzel mit dem Dip auf Tellern anrichten und servieren.

Info

ZEIT 20 min.
PERSONEN 4

Nährwerte p. P.:
383 kcal, 41,5 g Eiweiß, 16,4 g Fett, 14,1 g Kohlenhydrate

HÄHNCHEN-NUGGETS

ZUTATEN

Für die Nuggets:
- 400 g Hähnchenfleisch (z. B. Brust)
- 1 walnussgroßes Stück Ingwer
- 2 Eier, Größe M
- 5 g Oregano, getrocknet
- 1 TL Paprikapulver
- Salz und Pfeffer
- 3 EL Mandelmehl
- 2 EL Öl

Für die Soße:
- ½ Zwiebel
- 1 Knoblauchzehe
- 100 g Tomatenmark
- 50 ml Apfelessig
- 1 TL Honig
- 1 Spritzer Zitronensaft
- 2 Spritzer Tabasco
- ½ TL Chilipaste oder Chilipulver
- Salz und Pfeffer

Die Hähnchenbrust waschen, trocken tupfen und durch einen Fleischwolf drehen oder sehr fein würfeln. Den Ingwer schälen und in kleine Würfel schneiden.

Das Geflügelfleisch mit dem Ingwer, den Eiern und dem Oregano gut vermengen. Anschließend mit Paprika, Salz und Pfeffer würzen.

Aus der Hackfleischmasse kleine Taler formen und platt drücken. Diese in Mandelmehl wenden.

Das Öl in einer beschichteten Pfanne erhitzen und die Nuggets darin etwa 4–5 Minuten von jeder Seite anbraten.

In der Zwischenzeit für die Soße die Zwiebel schälen, sehr fein hacken und in eine Schüssel geben. Den Knoblauch schälen und in die Schüssel mit der Zwiebel pressen. Das Tomatenmark sowie den Apfelessig, Honig, Zitronensaft, Tabasco und die Chilipaste (Chilipulver geht auch) dazugeben und alles gut verrühren. Mit Salz und Pfeffer abschmecken.

Die Nuggets nach dem Braten auf einen Teller mit Küchenpapier legen, damit überschüssiges Fett aufgenommen werden kann. Dann auf Tellern oder Brettchen anrichten und mit der Soße servieren.

Info

ZEIT 20 min.
PERSONEN 4

Nährwerte p. P.:
378 kcal, 37,5 g Eiweiß, 15 g Fett, 17,1 g Kohlenhydrate

HÄHNCHEN-CORDON BLEU

ZUTATEN

- 80 g Emmentaler-Käse, am Stück
- 4 Scheiben (à 30 g) gekochter Schinken
- 4 Hähnchenbrustfilets (à ca. 150 g)
- 8 kleine Holzspießchen
- 2 Eier, Größe M
- Salz und Pfeffer
- 4 EL Mandelmehl
- 4 EL Sesam
- 4 EL Öl
- 1 Brokkoli
- 200 g Kirschtomaten

Für den Schmand-Dip:
- 150 g Schmand
- 2 EL Öl
- 1 TL mittelscharfer Senf
- 2 EL Zitronensaft

Info

ZEIT 15 min.
PERSONEN 4

Für die Füllung den Käse in 4 dicke Stücke schneiden. Die Schinkenscheiben halbieren und den Käse damit umwickeln.

Das Fleisch waschen und trocken tupfen. Mit einem scharfen Messer in jedes Filet eine Tasche schneiden. Die Schinken-Käse-Füllung in die Filettaschen stecken und die Filets mit je 2 Holzspießchen zusammenstecken.

Die Eier in einem tiefen Teller verquirlen, mit Salz und Pfeffer kräftig würzen. Das Mandelmehl auf einen weiteren und den Sesam auf einen dritten Teller streuen. Das Fleisch nacheinander in Mandelmehl, dann in dem Ei und zum Schluss in Sesam wenden.

Das Öl in einer Pfanne erhitzen und das Fleisch darin rundherum kräftig anbraten, anschließend bei schwacher bis mittlerer Hitze weitere 10–12 Minuten unter Wenden braten.

In der Zwischenzeit den Brokkoli in kleine Röschen teilen und 3-4 Minuten in kochendem Wasser blanchieren. Die Tomaten waschen und halbieren.

Für den Dip den Schmand mit dem Öl, Senf und Zitronensaft verrühren und mit Salz und Pfeffer würzen.

Die Cordon bleus von den Holzspießen befreien und zusammen mit dem Gemüse und dem Schmand-Dip servieren.

Tipp

Zusätzlich zu dem Schmand-Dip passt auch eine Currysoße toll zu diesem Cordon bleu. Dazu etwas Joghurt mit Mayonnaise verrühren und mit Currypulver sowie Salz und Pfeffer abschmecken.

Nährwerte p. P.:
645 kcal, 61,8 g Eiweiß, 39,8 g Fett, 7,3 g Kohlenhydrate

HÄHNCHEN-SCHASCHLIK

ZUTATEN

- 8 Schalotten
- 2 Knoblauchzehen
- 2 rote Paprikaschoten
- 2 grüne Paprikaschoten
- 100 g Champignons
- 500 g Hähnchenbrustfilet, roh
- 8 Holzspieße
- Salz
- Pfeffer
- 3 EL Rapsöl oder Sonnenblumenöl
- 2 TL passierte Tomaten
- 1 TL Paprikapulver
- 2 TL Chilipulver oder Chiliflocken
- ½ TL Zucker
- 2 TL Aceto balsamico, dunkel

Die Schalotten und den Knoblauch schälen, quer halbieren und in Spalten schneiden. Die Paprika waschen, entkernen und in Stücke schneiden. Die Champignons putzen. Die Hähnchenbrustfilets abspülen, trocken tupfen und würfeln.

Die Hähnchenbrustfiletwürfel, einige Paprikastücke, Schalottenspalten und Champignons abwechselnd auf 8 Holzspieße stecken, dann salzen und pfeffern.

2 EL Öl in einer Pfanne erhitzen und die Spieße darin ca. 10 Minuten von allen Seiten kräftig braten. Dann herausnehmen.

In der Zwischenzeit die restlichen Paprikastücke, Knoblauch- und Schalottenspalten in dem restlichen Öl in einer zweiten Pfanne anbraten. Mit passierten Tomaten ablöschen, mit Paprika- und Chilipulver, Salz und Pfeffer würzen und zugedeckt ca. 8 Minuten garen. Die Soße dann mit einem Stabmixer pürieren, abschmecken und mit Zucker und Balsamicoessig verfeinern.

Das Hähnchenschaschlik mit der Paprikasoße servieren.

Tipp

Dazu passt hervorragend das Fladenbrot aus dem Rezept „Fleischspieße mit Fladenbrot" Seite 84.

Info

ZEIT 30 min.
PERSONEN 4

Nährwerte p. P.:
253 kcal, 32,5 g Eiweiß, 8,9 g Fett, 8,3 g Kohlenhydrate

FLEISCHSPIESSE MIT FLADENBROT

ZUTATEN

Für die Fladenbrote:
- 4 Eier, Größe M
- 150 g geriebener Käse
- 240 g Speisequark, Magerstufe
- 1 EL Vollkornmehl
- 1 TL Paprikapulver, edelsüß

Für die Joghurtsoße:
- 200 g Joghurt, 3,5 % Fett
- 2 Knoblauchzehen
- Salz, Pfeffer, Paprikapulver
- 2 EL Ajvar

Für die Spieße:
- 350 g Rinderhackfleisch
- 1 Ei, Größe M
- Salz und Pfeffer
- 2 Zwiebeln
- 2 EL Olivenöl
- ½ Zucchini
- 2 Tomaten
- 200 g grüne Peperoni
- 1 Handvoll Kirschtomaten
- 2–3 Stängel Petersilie

Für die Fladenbrote den Backofen auf 180 °C Umluft vorheizen und ein Backblech mit Backpapier auslegen.

Die Eier mit dem Käse und Quark gut verrühren. Mehl und Paprikapulver zufügen und gut unterrühren. Die Masse in vier Teilen auf das Backblech geben und zu Kreisen glatt streichen. 12–15 Minuten backen, bis die Fladen goldbraun sind.

Für die Joghurtsoße den Joghurt in eine Schüssel geben, den Knoblauch schälen, fein würfeln und dazugeben. Mit Salz und Pfeffer würzen und nach Belieben noch Paprikapulver und Ajvar zugeben.

Für die Spieße das Hackfleisch mit einem Ei sowie Salz und Pfeffer vermengen. Die Zwiebeln schälen, in feine Würfel schneiden und untermengen.

2 EL Öl in einer Pfanne erhitzen. Die Hackmasse auf vier Holzspieße aufbringen und in der heißen Pfanne von allen Seiten gut durchbraten, ca. 5–6 Minuten.

Die Zucchini waschen und in Streifen schneiden, die Tomaten waschen und würfeln. Beides miteinander verrühren und wenn gewünscht mit etwas Salz und Pfeffer würzen.

Die Peperoni und Kirschtomaten waschen und trocken tupfen und in einer zusätzlichen Pfanne in dem restlichen Öl scharf anbraten, mit Salz und Pfeffer würzen.

Die Petersilie waschen, trocken tupfen und fein hacken.

Die Fladen aus dem Ofen nehmen und mit Joghurtsoße bestreichen, dann das Gemüse und die Spieße darauflegen. Mit Petersilie bestreuen und genießen.

Info

ZEIT 40 min.
PERSONEN 4

Nährwerte p. P.:
573 kcal, 45,8 g Eiweiß, 37,8 g Fett, 11,1 g Kohlenhydrate

MINI-KEBAPS

ZUTATEN

Für die Kebabs:
- 400 g Rinderhack
- 200 g Lammhack
- 3 TL Chiliflocken
- 1 TL Schwarz-kümmelpulver
- 2 TL Salz
- 1 TL grober Pfeffer
- 1 TL Paprika, edelsüß
- 1 große Gemüsezwiebel
- 1 Knoblauchzehe
- 5 Stängel Blatt-petersilie

Für die BBQ-Soße:
- 1 Schalotte
- 1 EL Öl
- 2 EL Honig
- 1 TL Xylit
- 30 ml Orangensaft
- 200 g passierte Tomaten
- 20 g Apfelessig
- 1 Lorbeerblatt
- 1 TL Rauchsalz
- ½ TL Kreuzkümmel
- Salz, Pfeffer, Chilipulver

Das Rinder- und Lammhack zusammen in eine Schüssel geben, die Gewürze hinzugeben und alles gut vermischen.

Die Gemüsezwiebel und den Knoblauch schälen und mithilfe der Gemüsereibe in die Hackmasse reiben. Die Petersilie waschen, trocken tupfen, von den Stängeln befreien und fein hacken. Dann ebenfalls zu dem Hackfleisch geben. Nun sollte die Masse am besten 4 Stunden im Kühlschrank ziehen.

In der Zwischenzeit eine BBQ-Soße herstellen. Dazu die Schalotte schälen, fein hacken und mit dem Öl in einem Topf anrösten. Honig und Xylit dazugeben und karamellisieren lassen. Mit Orangensaft, passierten Tomaten und Essig ablöschen. Das Lorbeerblatt, das Rauschsalz und den Kümmel dazugeben und etwa eine halbe Stunde köcheln lassen.Die Soße auskühlen lassen und mit Salz, Pfeffer und eventuell etwas Chili abschmecken.

Die Holzspieße vor dem Verwenden in Wasser einlegen, damit sie nicht so schnell verbrennen.

Nach der Ziehzeit den Grill am besten mit Holz oder Holzkohle anheizen, bis er 250 °C erreicht hat. Durch den Rauch bekommt das Kebap noch einmal ein besonderes Aroma.

Die Hackmasse aus dem Kühlschrank nehmen, auf Kebapspieße verteilen und gut andrücken. Danach ca. 5–6 Minuten von allen Seiten grillen. Die Spieße beim Grillen ständig drehen, damit das Fleisch schön gleichmäßig gart und nicht vom Spieß herunterfällt.

Die Mini-Kebaps auf Tellern oder Brettchen anrichten und mit der BBQ-Soße servieren.

Info

ZEIT 25 min.
+ 4 Stunden Wartezeit

PERSONEN 4

Nährwerte p. P.:
363 kcal, 29,5 g Eiweiß, 25,8 g Fett, 3,1 g Kohlenhydrate

LAMMSPIESSE MIT TOMATENSUGO

ZUTATEN

Für die Spieße:

- 1 TL Kreuzkümmel
- 1 TL Korianderpulver
- 2 Knoblauchzehen
- ½ TL Paprikapulver
- ½ TL Harissa
- ½ Limette, davon Saft und Abrieb
- 1 EL Tomatenmark
- 1 EL Rosmarin, gehackt
- 4 EL Rapsöl
- Salz
- 600 g Lammfleisch, z. B. Haxe
- 100 g eingelegte Paprikaschote, ohne Haut (aus dem Glas, nicht in Öl)
- 2 EL frische Petersilie, gehackt

Für die Tomatensugo:

- 500 g Tomaten
- 1 Zwiebel
- 1 Knoblauchzehe
- 1 TL Öl
- 1 EL Tomatenmark
- Salz nach Geschmack
- 1 TL Xylit
- 1 TL Basilikum, getrocknet
- 1 TL Oregano, getrocknet

Für die Marinade der Spieße den Kreuzkümmel mit dem Koriander fein mörsern. Den Knoblauch schälen und halbieren. Alle Gewürze mit dem Limettensaft und -abrieb, Tomatenmark, Rosmarin, Öl und etwas Salz vermischen.

Das Fleisch waschen, trocken tupfen und in ca. 3 cm große Würfel schneiden. Die Paprika abtropfen lassen.

Das Fleisch abwechselnd mit der Paprika auf Grillspieße (oder auf gewässerte Holzspieße) stecken und mit der Marinade bepinseln. Abgedeckt mindestens 1 Stunde im Kühlschrank ziehen lassen.

Anschließend unter Wenden rundherum 5–6 Minuten in der Grillpfanne oder auf dem Grill grillen.

In der Zwischenzeit für die Tomatensugo die Tomaten mit kochendem Wasser überbrühen, kalt abschrecken und die Haut abziehen. Dann die Tomaten in Stücke schneiden. Die Zwiebel und den Knoblauch schälen und grob hacken.

Das Öl in einem Topf erhitzen. Zwiebel- und Knoblauchwürfel darin andünsten. Das Tomatenmark zugeben und mit anschwitzen.

Die gewürfelten Tomaten zufügen, mit Salz, Xylit, Basilikum und Oregano würzen, aufkochen und ca. 5 Minuten köcheln lassen.

Die Spieße mit frischer Petersilie bestreut servieren und die Tomatensugo dazu reichen.

Info

ZEIT 30 min.
+ 1 Stunde Ziehzeit
PERSONEN 4

Tipp

Dazu passt Brot, Fladenbrot oder Tortillas.

Nährwerte p. P.:
440 kcal, 29,8 g Eiweiß, 32,5 g Fett, 6 g Kohlenhydrate

CURRY-WURST

ZUTATEN

- 1 Zwiebel
- 1 EL Rapsöl
- 1 EL Erythrit
- 2 EL Tomatenmark
- 1 Knoblauchzehe
- 600 g Tomaten
- 4 TL Currypulver
- Salz und Pfeffer
- 600 g Bratwurst (Bockwurst ohne Zucker)

Die Zwiebel schälen und in feine Würfel schneiden. Die Zwiebelwürfel in einem Topf mit dem Öl glasig andünsten. Das Erythrit darüberstreuen und gut umrühren. Anschließend das Tomatenmark zugeben.

Den Knoblauch schälen und in feine Scheiben schneiden. Die Tomaten waschen, den Strunk herausschneiden und in Würfel schneiden. Den Knoblauch zusammen mit den gewürfelten Tomaten in den Topf geben. Außerdem 2 TL Currypulver sowie Salz und Pfeffer zugeben. Die Soße bei geringer Hitze ca. 45 Minuten einkochen lassen.

In der Zwischenzeit die Wurst in einer heißen Pfanne oder auf dem Grill von jeder Seite goldbraun anbraten.

Anschließend die Wurst in Scheiben schneiden, die Soße darüber geben und mit dem weiteren Currypulver bestreuen.

Tipp

Dazu passen hervorragend die Süßkartoffel-Pommes von Seite 98.

Info

ZEIT 60 min.
PERSONEN 2

Nährwerte p. P.:
493 kcal, g Eiweiß, 24,5 g Fett, 5,3 g Kohlenhydrate

BRATWURST MIT SAUERKRAUT

ZUTATEN

- 3 mittelgroße Zwiebeln
- 4 EL Rapsöl
- 1 Dose Sauerkraut (850 g)
- 0,5 l Gemüsebrühe
- 5 Wacholderbeeren
- 1 Lorbeerblatt
- Salz und Pfeffer
- ½ Bund Petersilie
- 12 (ca. 240 g) Nürnberger Rostbratwürstchen

Die Zwiebeln schälen und fein würfeln.

2 EL Öl in einem Topf erhitzen und die Zwiebelwürfel darin andünsten. Das Sauerkraut hinzufügen und 5–10 Minuten kräftig anschmoren. Dann die Brühe angießen, die Wacholderbeeren und das Lorbeerblatt zufügen und mit etwas Salz und Pfeffer würzen. Aufkochen und zugedeckt ca. 20 Minuten schmoren lassen.

In der Zwischenzeit die Petersilie waschen, trocken tupfen und in fein hacken.

Das weitere Öl in einer Pfanne erhitzen. Die Würstchen schräg einschneiden und im heißen Öl unter Wenden knusprig braun braten. Dann herausnehmen.

Das Sauerkraut mit Salz und Pfeffer abschmecken, mit den Nürnberger Würstchen auf Tellern anrichten und mit Petersilie bestreuen.

Info

ZEIT 45 min.
PERSONEN 4

Nährwerte p. P.:
1050 kcal, 28 g Eiweiß, 31,3 g Fett, 86,5 g Kohlenhydrate

GRILLWÜRSTCHEN MIT GEMÜSE

ZUTATEN

- 1 weiße Zwiebel
- 3 Tomaten
- 3 g frischer Ingwer
- 3 g frischer Knoblauch
- 10 g Butterschmalz zum Braten
- 2 EL Sojasoße
- 6 Bratwürste (ca. 300 g)
- 300 g Kirschtomaten

Die Zwiebel schälen und klein schneiden. Die Tomaten waschen, trocken tupfen und klein schneiden. Den Ingwer und Knoblauch schälen und klein hacken. Alles in einer Pfanne mit etwas Butterschmalz anbraten. Die Gemüse-Pfanne mit Sojasoße ablöschen.

In der Zwischenzeit die Bratwürste in einer Grillpfanne in Butterschmalz oder auf dem Grill auf mittlerer Hitze ca. 4–5 Minuten goldbraun braten.

Die Kirschtomaten kurz in der heißen Pfanne mit braten.

Die Bratwurst mit dem Gemüse und den Kirschtomaten auf Tellern anrichten.

Tipp

Dazu passt die kalte Paprikasoße von Seite 112.

Info

ZEIT 20 min.
PERSONEN 2

Nährwerte p. P.:
555 kcal, 26,5 g Eiweiß, 44,3 g Fett, 11,4 g Kohlenhydrate

Süß-kartoffeln, Nudeln, Soßen

SÜSSKARTOFFEL-POMMES

ZUTATEN

- 3 große Süßkartoffeln
- 1 EL Speisestärke
- 4 EL Olivenöl
- Salz, Pfeffer
- 1 EL Thymian
- Salzflocken

Die Süßkartoffeln schälen, in Streifen schneiden, in eine Schüssel geben und 60 Minuten wässern.

Kurz vor Ende der 60 Minuten den Backofen auf 250 °C Ober-/Unterhitze vorheizen und ein Backblech mit Backpapier auslegen.

Die Süßkartoffel-Pommes nun abgießen und auf einem Küchentuch etwas trocknen lassen. Dann zurück in die Schüssel geben und gleichmäßig mit der Speisestärke bestreuen. Nun das Öl sowie etwas Salz, Pfeffer und Thymian dazugeben und alles gut miteinander verrühren.

Die Süßkartoffel-Pommes gleichmäßig auf dem Backblech verteilen, in den Backofen schieben und ca. 15–20 Minuten backen (je nach Dicke der Streifen). Da der Backofen sehr heiß ist, die Süßkartoffel-Pommes gut im Blick behalten.

Sobald sie schön braun und knusprig sind, aus dem Ofen nehmen und mit ein wenig Salzflocken (z. B. grobes Meersalz) bestreuen.

Tipp

Die Süßkartoffel-Pommes sollten sich auf dem Backblech nicht berühren, da sie sonst an diesen Stellen nicht knusprig werden.

Info

ZEIT 25 min.
+ 60 min. Wartezeit
PERSONEN 4

Nährwerte p. P.:
318 kcal, 3,1 g Eiweiß, 11,1 g Fett, 47,3 g Kohlenhydrate

SÜSSKARTOFFEL-GEMÜSE-CHIPS

ZUTATEN

Für die Süßkartoffeln:
- 2 große Süßkartoffeln
- 1 EL Olivenöl
- 1 TL Salz

Für die Möhren:
- 4 mittelgroße Möhren
- 1 EL Olivenöl
- 1 TL Salz
- Chilipulver

Für den Kürbis:
- 1 kleiner Kürbis (z. B. Hokkaido)
- 1 EL Olivenöl
- 1 TL Salz

Für die Rote Bete:
- 1 Rote Bete
- 1 TL Salz
- 1 EL Olivenöl

Zusätzlich können Sie folgende Gewürze zugeben, je nach Geschmack:
- Rosmarin
- Zitronengras
- Petersilie
- Muskatnuss
- Chili
- Zimt
- Kümmelpulver

Den Backofen auf 200 °C Ober-/Unterhitze vorheizen.

Die Süßkartoffeln schälen und mit einem Hobel in sehr dünne Scheiben schneiden. Die Scheiben in einer Schüssel mit Öl und Salz sowie nach Belieben mit Gewürzen und Kräutern vermengen. Auf einem mit Backpapier ausgelegten Backblech verteilen und 15–20 Minuten im Ofen backen, zwischenzeitlich wenden. Herausnehmen und auf einem Teller mit Küchenpapier auskühlen lassen.

Für die Möhren einen zusätzlichen Backofen auf 180 °C Ober-/Unterhitze vorheizen oder den Ofen nach dem Backen der Süßkartoffeln herunterdrehen. Die Möhren mit einem Sparschäler schälen. Die geschälten Möhren entweder mit einem Hobel oder dem Schäler in sehr dünne Scheiben schneiden. Die Möhrenscheiben in einer Schüssel mit Öl, Salz, Chili sowie mit Gewürzen und Kräutern nach Wahl vermengen. Auf einem mit Backpapier ausgelegten Backblech verteilen und 10–15 Minuten im Ofen backen. Herausnehmen und auf einem Teller mit Küchenpapier auskühlen lassen.

Für den Kürbis einen weiteren Backofen auf 160 °C Ober-/Unterhitze vorheizen oder den Ofen nach dem Backen der Möhren herunterdrehen. Den Kürbis waschen und grob abbürsten, wenn gewünscht auch schälen. Die Kerne entfernen und den Kürbis in sehr dünne Scheiben schneiden.

Die Kürbisscheiben mit Öl, Salz sowie nach Belieben mit Gewürzen und Kräutern in einer Schüssel gut vermengen. Auf einem mit Backpapier ausgelegten Backblech verteilen und für 30 Minuten im Backofen backen. Herausnehmen und auf einem Teller mit Küchenpapier auskühlen lassen.

Info

ZEIT 30 min.
PERSONEN 4

Nährwerte p. P.:
333 kcal, 4,9 g Eiweiß, 11,2 g Fett, 46,8 g Kohlenhydrate

Tipp

Die Gemüse-Chips sollten am selben Tag verzehrt werden, da sie sonst schnell labberig werden.

Für die Rote Bete einen weiteren Backofen auf 140 °C Ober-/Unterhitze vorheizen oder den Ofen nach dem Backen des Kürbis herunterdrehen.

Einweghandschuhe anziehen und die Rote Bete schälen. Die geschälte Rübe in sehr dünne Scheiben hobeln und auf einem mit Backpapier ausgelegten Backblech verteilen. Die Scheiben dürfen sich dabei nicht überlappen.

Nun die Scheiben salzen, das entzieht ihnen etwas Feuchtigkeit. Das ausgetretene Wasser danach mit etwas Küchenkrepp abtupfen. Anschließend die Rote-Bete-Scheiben mit Olivenöl bestreichen und nach Belieben würzen. Rund 45 Minuten im Ofen backen, dabei ab und an die Backofentür öffnen, damit die Feuchtigkeit entweichen kann. Herausnehmen und auf einem Teller mit Küchenpapier auskühlen lassen.

SÜSSKARTOFFEL-TALER

ZUTATEN

Für den Quark:

- 2 Frühlingszwiebeln
- 1 Limette
- 3 Radieschen
- 200 g Magerquark
- 50 g Schmand
- Salz und Pfeffer

Für die Süßkartoffeltaler:

- 750 g Süßkartoffeln
- 1 EL Mandelmehl
- 1 Ei, Größe L
- Salz und Pfeffer
- 4 EL Rapsöl
- 1 Frühlingszwiebel

Für den Quark die Frühlingszwiebeln putzen, waschen und in Ringe schneiden. Die Limette heiß abwaschen, trocken reiben, dann die Schale fein abreiben und den Saft auspressen. Die Radieschen waschen, putzen und fein reiben.

Den Quark mit dem Schmand sowie Limettenschale und -saft cremig rühren und mit Salz und Pfeffer abschmecken. Die Frühlingszwiebelringe und Radieschen unterheben.

Die Süßkartoffeln schälen und auf einer Raspel grob reiben. Das Mehl und das Ei mit den Kartoffeln vermengen. Mit Salz und Pfeffer würzen.

2 EL Öl in einer Pfanne erhitzen. Aus dem Teig portionsweise 16 kleine Süßkartoffelpuffer abbacken. Dabei das weitere Öl nach und nach in die Pfanne geben, sodass die Puffer alle in reichlich Öl schwimmen. Fertig gebratene Puffer auf einen mit Küchenpapier ausgelegten Teller legen und warm stellen.

Die Frühlingszwiebel putzen, waschen und dann quer und der Länge nach halbieren. Im heißen Öl in der Pfanne von den Puffern kurz anbraten.

Die Süßkartoffelpuffer mit dem Quark servieren und mit der gebratenen Frühlingszwiebel garnieren.

Info

ZEIT 40 min.
PERSONEN 4

Nährwerte p. P.:
413 kcal, 13,6 g Eiweiß, 15,4 g Fett, 50 g Kohlenhydrate

ZUCCHININUDELN MIT GARNELEN

ZUTATEN

- 215 g Garnelen
- 2 Zucchini
- 8 g Knoblauch
- 200 g Kirschtomaten
- 2 EL Olivenöl
- Salz nach Geschmack
- 45 ml Weißwein, lieblich
- 2 EL Zitronensaft
- ¼ TL rote Pfefferflocken

Die Garnelen putzen und entdarmen. Bei küchenfertigen Garnelen entfällt dieser Schritt.

Die Zucchini waschen, die Enden abschneiden und mit einem Spiralschneider in lange Streifen (Zucchini-Spaghetti) schneiden. Den Knoblauch schälen und fein hacken. Die Tomaten waschen und vierteln.

Das Öl in einer Pfanne erhitzen und darin die Shrimps und den Knoblauch für ca. 8 Minuten braten, mit Salz würzen, herausnehmen und beiseitestellen.

Den Wein, Zitronensaft und die Pfefferflocken in die Pfanne geben und aufkochen. Die Zucchininudeln hineingeben und etwa 2 Minuten köcheln lassen, dann die Tomaten zugeben und untermengen.

Die Zucchininudeln auf zwei Tellern anrichten, die Garnelen darauf verteilen und wenn gewünscht mit Zitronenspalten zum selbst Abschmecken servieren.

Info

ZEIT 25 min.
PERSONEN 2

Nährwerte p. P.:
277 kcal, 24,7 g Eiweiß, 12,4 g Fett, 10 g Kohlenhydrate

KICHERERBSEN-NUDELN MIT PARMESANPESTO

ZUTATEN

Für die Nudeln:
- 230 g Kichererbsenmehl
- 2 Eier, Größe L
- 3 EL Olivenöl
- ½ TL Salz

Für das Pesto:
- ½ Bund frische Petersilie oder Basilikum oder Kerbel
- 5 EL Olivenöl
- 50 g Parmesan, gerieben
- Salz und Pfeffer aus der Mühle

Außerdem:
- etwas Olivenöl
- 20 g Parmesan, gehobelt
- 2 Zweige Basilikum, gezupft

Für den Nudelteig alle Zutaten in eine Schüssel geben und zunächst mit einem Mixer verrühren. Anschließend mit den Händen einen Teig daraus kneten. Diesen in Frischhaltefolie einwickeln und für 1 Stunde in den Kühlschrank legen.

Zwischenzeitlich für das Pesto die Kräuter mit dem Olivenöl und dem geriebenen Parmesan pürieren. Danach mit Salz und Pfeffer abschmecken und das Pesto kalt stellen.

Den Nudelteig nach der Ruhezeit in mehrere Portionen aufteilen und diese nacheinander auf einer mit Kichererbsenmehl bemehlten Arbeitsplatte mit einem Nudelholz ausrollen und in Streifen schneiden. Es entstehen kleine Bandnudeln. Alternativ kann der Teig in einer Nudelmaschine zu Röhrchen geformt werden. Wer bereits Erfahrung mit selbst gemachtem Nudelteig hat, kann nach Belieben auch eine andere Nudelform wählen.

Einen großen Topf mit Wasser zum Kochen bringen. Die Nudelstreifen hineingeben und ungefähr 5 Minuten kochen lassen. Nach dieser Zeit eine Nudel herausnehmen und probieren. Sie sollten in etwa die Konsistenz von Spätzle haben. Wenn die Nudeln gar sind, in ein Sieb abgießen und mit etwas Olivenöl beträufeln, damit sie nicht zusammenkleben.

Die Nudeln im Pesto schwenken, mit Salz und Pfeffer abschmecken und mit Parmesan sowie Basilikum servieren.

Tipp

Die Nudeln schmecken auch sehr gut mit Tomatensoße. Da Kichererbsennudeln viel Flüssigkeit aufnehmen, sollten sie mit reichlich Soße serviert werden.

Info

ZEIT 30 min.
+ 1 Stunde Ruhezeit
PERSONEN 4

Nährwerte p. P.:
525 kcal, 21,8 g Eiweiß, 32,3 g Fett, 34 g Kohlenhydrate

SHIRATAKI-SPAGHETTI MIT SESAMHÜHNCHEN

ZUTATEN

- 500 g Hähnchenbrustfilet
- 1 Prise Salz
- ½ große rote Chilischote
- 1 Salatgurke
- 2 Paprikaschoten (1 gelbe und 1 rote)
- 3 EL Erdnussöl
- 1–2 TL Pfeffer
- 5 EL Sesamsamen
- 1 Knoblauchzehe
- 2 EL Teriyakisoße
- 4 EL Sesamöl + etwas zum Beträufeln
- 100 g Shirataki-Spaghetti
- ¼ Bund Minze, gewaschen und gezupft
- ½ Limette, in Scheiben

Die Hähnchenbrust waschen und in einen Topf mit leicht gesalzenem Wasser legen. Das Wasser zum Kochen bringen, die Hitze reduzieren und das Filet im leicht siedendem Wasser 10–15 Minuten gar ziehen lassen. Danach aus dem Wasser nehmen, in Alufolie wickeln und etwas abkühlen lassen.

Inzwischen die Chilischote waschen, entstielen und in feine Ringe schneiden. Die Salatgurke waschen, längs halbieren und mit einem Teelöffel die Kerne entfernen. Die Gurke quer in dünne Scheiben schneiden. Die Paprikaschoten waschen, entkernen und würfeln.

Nun das Erdnussöl mit den Chiliringen und dem Pfeffer in einer Pfanne erhitzen. Die Gurkenscheiben und die Paprikawürfel dazugeben und ein wenig salzen. Etwa 5 Minuten bei mittlerer Hitze garen, aus der Pfanne nehmen und beiseitestellen.

Die Sesamsamen kurz in einer weiteren Pfanne ohne Zugabe von Fett rösten, bis sie anfangen zu glänzen.

Den Knoblauch schälen und mit 4 EL des gerösteten Sesams in einem Mörser fein zerstoßen. Die Teriyakisoße, das Sesamöl und etwa 5 EL Wasser dazugeben und alles gut verrühren, aber nicht mehr mörsern.

Das gegarte Hähnchenfleisch aus der Folie nehmen, in kleine Stücke zupfen, unter die Soße mischen und kurz durchziehen lassen.

Währenddessen die Shirataki-Spaghetti nach Packungsanweisung kochen, in ein Sieb abgießen und mit kaltem Wasser abbrausen.

Info

ZEIT 30 min.
PERSONEN 4

Nährwerte p. P.:
400 kcal, 33,8 g Eiweiß, 26,5 g Fett, 5,3 g Kohlenhydrate

Die Shirataki-Spaghetti mit dem gebratenen Chili-Gemüse vermengen, in vier Schalen geben und das marinierte Hähnchenfleisch darüber verteilen.

Nach Belieben mit ein wenig Sesamöl beträufeln und mit Minze servieren. Den restlichen Sesam darüber streuen. Dazu Limettenscheiben reichen, sodass sich jeder etwas Limettensaft nach eigenem Gusto darüber träufeln kann.

KLASSISCHES PESTO

ZUTATEN

- 25 g Pinienkerne
- 60 g Parmesan, gerieben
- 1 TL Knoblauch, klein geschnitten
- 2 TL Tomatenmark
- 20 g frisches Basilikum, gezupft
- 180 ml Olivenöl

Die Pinienkerne in einer Pfanne ohne Zugabe von Fett goldbraun rösten.

Nun alle Zutaten bis auf das Öl in eine hohe Rührschüssel geben und mit einem Pürierstab mixen. Dabei langsam das Olivenöl hinzu gießen.

Tipp

Das Pesto hält sich im Kühlschrank ca. 1 Woche.

Info

ZEIT 15 min.
PERSONEN 4

Nährwerte p. P.:
500 kcal, 6,4 g Eiweiß, 52,8 g Fett, 1,2 g Kohlenhydrate

AVOCADO-CREME

ZUTATEN

- 2 Avocados
- ¼ Bund frische Blattpetersilie
- 20 g Pinienkerne
- 4 EL Crème fraîche
- 1 TL Leinöl
- 100 g Feta
- 1 Msp. Paprikapulver, edelsüß
- Salz und Pfeffer nach Geschmack

Die Avocados schälen, die Kerne herausnehmen und das Fruchtfleisch in grobe Würfel schneiden. Die Petersilie waschen, trocken schütteln, entstielen und klein schneiden.

Die Pinienkerne kurz in einer Pfanne ohne Fett anrösten, damit sie ihr volles Aroma entfalten.

Die Avocado mit Petersilie, Pinienkernen, Crème fraîche, Leinöl und Feta mit einem Stabmixer pürieren und mit Paprika, Salz und Pfeffer abschmecken.

Tipp

Die Creme kann auch, je nach Geschmack, mit 1 Knoblauchzehe verfeinert werden.

Info

ZEIT 15 min.
PERSONEN 4

Nährwerte p. P.:
313 kcal, 7,1 g Eiweiß, 28,3 g Fett, 5,7 g Kohlenhydrate

KALTE PAPRIKASOSSE

ZUTATEN

- 2 feste rote Paprikaschoten
- 1 feste gelbe Paprikaschote
- 1 Knoblauchzehe
- 3 EL Butter
- 50 ml Sahne
- Salz und Pfeffer

Die Paprikaschoten waschen und mit einem Sparschäler rundum schälen. Dann die Paprika halbieren, putzen, Kerne entfernen und grob würfeln. Den Knoblauch schälen und durch die Presse drücken.

Die Butter in einer tiefen Pfanne mit Deckel erhitzen. Die Paprikawürfel und den Knoblauch darin andünsten, zugedeckt ca. 15 Minuten lang weich dünsten lassen. Wenn nötig, etwas Wasser zugeben.

Die gedünsteten Paprika mit der Sahne in einem hohen Topf fein pürieren, mit Salz und Pfeffer abschmecken. Dann abkühlen lassen.

Die Paprikasoße hält sich gut gekühlt ca. 1 Woche im Kühlschrank.

Tipp

Dazu passen Käsechips. Für diese pro Portion ca. 4–8 Emmentaler-Scheiben in mundgerechte Stücke zupfen. Von beiden Seiten salzen und pfeffern. Ein Backblech mit Backpapier auslegen und die Käsestückchen darauf verteilen. Den Backofen auf 200 °C Umluft vorheizen und den Käse 10 Minuten goldbraun backen, bis er nicht mehr flüssig, sondern auch im Rohr schon fest ist.

Info

ZEIT 20 min.
PERSONEN 4

Nährwerte p. P.:
118 kcal, 1,5 g Eiweiß, 10,5 g Fett, 3,7 g Kohlenhydrate

KRÄUTER-QUARK

ZUTATEN

- ½ Bund Schnittlauch (zusätzlich noch andere Kräuter, siehe Tipp)
- 1–2 Zweige Portulak
- 250 g Quark, 1,5 % Fett
- 4 EL Milch, 1,5 % Fett
- Salz und Pfeffer

Die Kräuter waschen und trocken schütteln. Den Schnittlauch in feine Röllchen schneiden. Andere Kräuter fein hacken.

Den Portulak waschen, trocken tupfen und von den Zweigen zupfen.

Den Quark mit der Milch verrühren. Mit Salz und Pfeffer würzen.

Die gehackten Kräuter unter den Quark rühren. Mit etwas Portulak garnieren und servieren.

Tipp

Typisch für Kräuterquark ist die Verwendung von Schnittlauch. Aber auch Petersilie, Dill, Kerbel oder Kresse schmecken im Kräuterquark hervorragend.

Info

ZEIT 10 min.
PERSONEN 4

Nährwerte p. P.:
54 kcal, 9 g Eiweiß, 0,6 g Fett, 2,6 g Kohlenhydrate

CURRY-MAYONNAISE

ZUTATEN

- 1 Eigelb
- 1 TL Senf
- Saft von ½ Zitrone
- 200 ml hochwertiges Sonnenblumenöl (oder ein mildes Olivenöl)
- Salz und Pfeffer
- ¼ TL Chilipulver
- ½ TL Currypulver
- 1 TL Ajvar

Das Eigelb mit dem Senf und Zitronensaft in ein hohes Gefäß geben. Einen Pürierstab in das Gefäß stellen und anschalten. Während des Pürierens das Sonnenblumenöl in einem Strahl ganz langsam in das Gefäß gießen und weiterhin pürieren, bis sich alle Zutaten vermischt haben und eine feste Konsistenz entsteht.

Die Mayonnaise mit Salz und Pfeffer würzen, dann Chili- und Currypulver sowie Ajvar zugeben und gut unterrühren.

Tipp

Möchten Sie statt der Curry-Mayonnaise mal eine andere Variante probieren? Für eine reine Chili-Mayonnaise lassen Sie dazu in obigem Rezept das Currypulver weg und verwenden 1 TL Chilipulver.

Info

ZEIT 10 min.
PERSONEN 4

Nährwerte p. P.:
465 kcal, 1 g Eiweiß, 51,8 g Fett, 0,5 g Kohlenhydrate

KETCHUP

ZUTATEN

- 2 Frühlingszwiebeln
- 1 Knoblauchzehe
- 1 EL Olivenöl, extra nativ
- 500 g passierte Tomaten, ohne Zusätze
- 2 TL Curry
- 1 TL Pfeffer
- 1 Prise Salz
- Ingwerpulver + Chilipulver nach Geschmack
- 1 EL Speisestärke

Die Frühlingszwiebeln waschen und putzen, den Knoblauch schälen. Beides klein schneiden.

Das Olivenöl in einem Topf erhitzen, darin Frühlingszwiebeln und Knoblauch bei mittlerer Hitze anschwitzen. Die passierten Tomaten hinzugeben und alles ca. 20 Minuten köcheln lassen. Dabei gelegentlich umrühren. Den Topf vom Herd nehmen und kurz abkühlen lassen.

Die Gewürze hinzufügen und alles mit einem Pürierstab fein pürieren. Nochmals aufkochen lassen und mit der mit ein wenig Wasser verrührten Speisestärke andicken.

Das heiße Ketchup mit einem Trichter in sterile (10 Minuten im Wasser abgekocht) Weckgläser oder Flaschen geben und sofort verschließen.

Im verschlossenen Zustand ist das Ketchup ca. einen Monat haltbar. Nach dem Öffnen sollte es innerhalb einer Woche verbraucht werden.

Tipp

Wenn Sie Kräuterketchup machen möchten, können Sie nach dem Pürieren noch 1 EL gehacktes Basilikum und/oder Oregano zugeben.

Info

ZEIT 60 min.
PERSONEN 2

Nährwerte p. P.:
77 kcal, 1,9 g Eiweiß, 3,2 g Fett, 9,2 g Kohlenhydrate

Smoothies, Desserts & Eis

BLAUBEER-SMOOTHIE

ZUTATEN

- 400 g Blaubeeren
- 1 Papaya
- ½ Bund frische Minze
- 300 g Joghurt, 3,5 % Fett
- 300 ml Milch, 3,5 % Fett
- 2 EL Honig

Die Beeren verlesen, waschen und trocken tupfen. Die Papaya schälen, entkernen und grob würfeln. Die Minze waschen und die Blätter von den Stielen befreien.

Den Joghurt mit der Milch, den Beeren, der Papaya, der Hälfte der Minze und dem Honig in ein hohes Rührgefäß geben und mit einem Pürierstab pürieren.

Den Shake in 4 Gläser füllen, mit der restlichen Minze garnieren und servieren.

Tipp

Sie können für alle Smoothies statt des Pürierstabs auch einen Standmixer verwenden.

Info

ZEIT 10 min.
PERSONEN 4

Nährwerte p. P.:
211 kcal, 6,7 g Eiweiß, 6,2 g Fett, 27 g Kohlenhydrate

KIWI-MINZ-SMOOTHIE

ZUTATEN

- 1 Granny Smith Apfel
- 3 Kiwis
- 10 g Minze
- 300 g Joghurt, 3,5 % Fett
- 50 ml heller Traubensaft
- 1 EL Olivenöl
- optional: 1 EL Erythrit

Den Apfel waschen, entkernen und in grobe Stücke schneiden. Die Kiwis schälen und bis auf eine halbe Kiwi in grobe Stücke schneiden. Die restliche halbe Kiwi in Scheiben schneiden und zum Anrichten aufheben. Die Minze waschen und von den Stielen zupfen.

Apel- und Kiwistücke, die Minze bis auf ein paar Blätter sowie Joghurt, Traubensaft und Olivenöl zusammen in ein hohes Gefäß geben und alles mit dem Stabmixer pürieren.

Den Smoothie, wenn gewünscht, mit 1 EL Erythrit süßen und auf vier Gläser verteilen. Mit den Kiwischeiben und der Minze anrichten und servieren.

Tipp

Um dem Drink eine Extraportion Eiweiß zu verleihen, können Sie zusätzlich 100 g Quark einrühren und erhalten pro Portion eine Extraportion von etwa 6 g Eiweiß.

Info

ZEIT 10 min.
PERSONEN 4

Nährwerte p. P.:
156 kcal, 3,9 g Eiweiß, 5,9 g Fett, 17,8 g Kohlenhydrate

GRÜNER SMOOTHIE

ZUTATEN

- 1 Avocado
- Saft von 1 Limette
- 1 grüner Apfel (z. B. Granny Smith)
- 50 g Blattspinat
- 50 g Salatgurke
- 2 Stangen Staudensellerie
- 100 ml Apfelsaft, naturtrüb
- 50 ml Wasser

Die Avocado halbieren, den Kern entfernen, das Fruchtfleisch mit einem Teelöffel herauslöffeln und etwas zerdrücken. Mit dem Limettensaft vermengen.

Den Apfel schälen, das Kerngehäuse entfernen und in grobe Stücke schneiden. Den Spinat verlesen und waschen. Die Gurke waschen und in Scheiben schneiden. Den Staudensellerie putzen und in grobe Stücke schneiden.

Alle Zutaten in einen Standmixer geben und zu einem cremigen Smoothie pürieren.

Info

ZEIT 10 min.
PERSONEN 2

Nährwerte p. P.:
225 kcal, 3 g Eiweiß, 12,1 g Fett, 21,8 g Kohlenhydrate

KLASSISCHER BEEREN-SMOOTHIE

ZUTATEN

- 300 g Erdbeeren
- 100 g Brombeeren
- 100 g Himbeeren
- 50 g Johannisbeeren
- 50 Blaubeeren
- ½ Bund frische Minze
- 300 ml Milch, 3,5 % Fett
- 2 EL Honig

Die Beeren waschen und verlesen. Die Minze waschen und die Blätter von den Stielen befreien.

Die Milch, die Beeren, die Hälfte der Minze und den Honig mit einem Stabmixer pürieren.

Sollte der Smoothie etwas zu dickflüssig sein, einfach noch mit etwas Mineralwasser auffüllen.

Den Shake in vier Gläser füllen, mit der restlichen Minze garnieren und servieren.

Tipp

Sie können auch weitere Beeren, wie zum Beispiel Stachelbeeren, in den Smoothie geben.

Info

ZEIT 10 min.
PERSONEN 4

Nährwerte p. P.:
139 kcal, 4,1 g Eiweiß, 3,4 g Fett, 19,3 g Kohlenhydrate

EIWEISSKÜCHLE MIT HIMBEEREN

Für die Küchle mit einem Stabmixer die Eier, das Johannisbrotkernmehl, die Mandeln, das Eiweißpulver, die Milch, das Vanillemark und das Walnussöl fein pürieren.

In einer heißen Pfanne pro Küchle jeweils 2–3 g Butter erhitzen. Etwa 2 EL der Teigmasse hineingießen und die Eiweißküchle von beiden Seiten goldbraun ausbacken.

Den Vorgang so lange wiederholen, bis die Masse aufgebraucht ist.

Die Küchle vor dem Servieren jeweils mit etwas Himbeergelee bestreichen und zu einem Türmchen stapeln.

Mit den frischen Himbeeren servieren.

ZUTATEN

- 3 Eier, Größe L
- 3 g Johannisbrotkernmehl
- 40 g Mandeln, gemahlen
- 30 g Eiweißpulver, neutral
- 100 ml Milch, 1,5 % Fett
- Mark von 1 Vanilleschote
- 1 TL Walnussöl
- 20 g Butter
- 4 EL Himbeergelee, ungesüßt
- 50 g frische Himbeeren

Tipp

Um möglichst viel Vanillemark herauszubekommen, sollten Sie die Vanilleschote längs halbieren und mit einem Teelöffel das Mark ausstreichen.

Info

ZEIT 20 min.
PERSONEN 4

Nährwerte p. P.:
207 kcal, 15,4 g Eiweiß, 12,7 g Fett, 6,6 g Kohlenhydrate

TIRAMISU IM GLAS

ZUTATEN

Für den Teig:
- 4 Eier, Größe L
- 2 EL lösliches Kaffeepulver, ohne Zucker
- 1 EL Backpulver
- 1 TL Xylit

Für die Creme:
- 400 g Magerquark
- 2 EL lösliches Kaffeepulver, ohne Zucker
- 1 TL Vanilleextrakt
- fettarme Milch, nach Belieben
- 1 EL Backkakao

Den Backofen auf 180 °C Ober-/ Unterhitze vorheizen.

Das Eiweiß vom Eigelb trennen und steif schlagen. 2 EL löslichen Kaffee mit dem Backpulver vermischen und anschließend davon nach und nach kleine Mengen unter den Eischnee heben. Das Xylit einstreuen, das Eigelb unterheben und vorsichtig verrühren.

Den Teig vorsichtig in eine mit Backpapier ausgelegte Kuchenform geben und glatt streichen. Alternativ den Teig flach in Muffinformen verteilen, damit er schon die perfekte Kreisform für die Gläser hat. Im Ofen 10 Minuten backen, herausnehmen und abkühlen lassen.

Währenddessen den Magerquark mit dem löslichen Kaffeepulver, Vanilleextrakt und etwas Milch cremig rühren.

Sobald der Teig abgekühlt ist, Kreise ausstechen oder direkt die Kreise aus den Muffinformen entnehmen.

In vier Gläser abwechselnd eine Schicht Teig und eine Schicht Creme geben, dann wiederholen und mit einer Schicht Creme abschließen.

Den Kakao als Deko darüberstreuen und servieren.

Info

ZEIT 25 min.
PERSONEN 4

Nährwerte p. P.:
168 kcal, 21,3 g Eiweiß, 6,6 g Fett, 4,6 g Kohlenhydrate

KIRSCH-QUARK-CREME

ZUTATEN

- 400 g Quark, Vollfett
- 1 EL Honig
- Saft von 1 Zitrone
- 500 g Sauerkirschen (ungesüßt, aus dem Glas)
- 4 EL Kokosflocken
- 4 EL Haferflocken

Den Quark mit dem Honig und Zitronensaft verrühren.

Die Sauerkirschen abgießen. Einige Kirschen zum Garnieren beiseitelegen.

Die Kokos- und Haferflocken in einer Pfanne ohne Fett goldbraun rösten.

In vier Gläsern abwechselnd den Quark, die Kirschen und die Hälfte der gerösteten Kokos- und Haferflocken schichten.

Die Kirsch-Quark-Creme vor dem Servieren mit den restlichen Kirschen und den restlichen gerösteten Kokos- und Haferflocken dekorieren.

Tipp

Wenn gerade Kirschenzeit ist, können Sie die Creme auch mit frischen Kirschen verfeinern und servieren, was hübscher aussieht als die Kirschen aus dem Glas.

Info

ZEIT 25 min.
PERSONEN 4

Nährwerte p. P.:
418 kcal, 14,3 g Eiweiß, 24,7 g Fett, 32,3 g Kohlenhydrate

SCHOKOLADEN-CREME

ZUTATEN

- 1 EL Kokosöl
- 150 g griechischer Joghurt
- ½ Bio-Orange, davon der Saft und Abrieb
- 30 g Eiweißpulver, neutral
- ½ TL Vanillepulver
- 1 EL Backkakao
- 2 gehäufte Msp. Stevia-Pulver
- etwas geraspelte Zartbitterschokolade zum Garnieren

Das Kokosöl erwärmen, falls es nicht flüssig ist.

Den Joghurt und das Kokosöl mit einem Schneebesen verrühren.

Die halbe Orange grob abreiben und auspressen. Den Abrieb aufheben.

Den Orangensaft mit dem Eiweißpulver, Vanillepulver, Kakao und Stevia verrühren. Dann die Joghurt-Kokosöl-Masse unterrühren.

Die Creme auf vier Schälchen verteilen und für ca. 30 Minuten im Kühlschrank erkalten lassen.

Vor dem Servieren den Orangenabrieb zusammen mit der geraspelten Schokolade auf der Creme drapieren.

Tipp

Sehr lecker ist es auch, wenn Sie die restliche halbe Orange filetieren und die Orangenfilets zu der Creme reichen.

Info

ZEIT 15 min.
+ 30 min. Kühlzeit

PERSONEN 4

Nährwerte p. P.:
107 kcal, 7,6 g Eiweiß, 6,7 g Fett, 3,4 g Kohlenhydrate

CHIA-PUDDING

ZUTATEN

- 200 ml Kokosmilch, Vollfett
- 80 g Chiasamen
- 5 EL Agavendicksaft
- 4 Feigen
- 1 EL Butter
- 100 g Cashewkerne, gehackt

Die Kokosmilch mit 200 ml Wasser verrühren. Die Chiasamen und den Agavendicksaft hinzufügen und mindestens 12 Stunden zugedeckt im Kühlschrank quellen lassen.

Danach die Feigen waschen und in grobe Stücke schneiden.

Die Butter in einer Pfanne schmelzen und die Cashewkerne darin goldbraun rösten, dann herausnehmen.

Die Feigen zum größten Teil in vier Gläser oder Schälchen füllen, den Chiapudding nochmals aufrühren und darübergeben und mit den gerösteten Cashewkernen und restlichen Feigen garnieren.

Info

ZEIT 10 min.
+ 12 Stunden Kühlzeit
PERSONEN 4

Nährwerte p. P.:
453 kcal, 10,7 g Eiweiß, 32 g Fett, 26,3 g Kohlenhydrate

HIMBEER-BLITZEIS

ZUTATEN

- 300 g Himbeeren, gefroren
- ½ Zitrone
- 4 EL Honig
- 3 EL Sahne

Die Himbeeren aus dem Gefrierfach nehmen und bei Zimmertemperatur ca. 10 Minuten antauen lassen, einige zur Garnitur beiseitelegen.

In der Zwischenzeit die Zitronenschale reiben und den Saft auspressen.

Die angetauten Himbeeren mit dem Zitronensaft und dem Honig in einen Standmixer geben und pürieren. Nach und nach die Sahne zugeben. Zu einer glatten Masse mixen.

Die Masse in eine gefriergeeignete Schüssel oder Kastenform füllen und für ca. 60 Minuten einfrieren, bis das Eis halbfest ist.

Zum Servieren jeweils einen großen Löffel Himbeersorbet in einem Schälchen anrichten und mit Zitronenabrieb und den restlichen Himbeeren garnieren.

Info

Ergibt ca.
8 Kugeln Sorbet

ZEIT 15 min.
+ 1 Stunde Einfrierzeit
PERSONEN 4

Nährwerte p. P.:
60 kcal, 0,7 g Eiweiß, 1,3 g Fett, 9,6 g Kohlenhydrate

MELONEN-SORBET

ZUTATEN

- 400 g Wassermelone
- ½ Limette
- 25 g Xylit
- 100 ml Wasser
- 2–3 Stängel Minze

Die Wassermelone halbieren und mit einem Löffel aushöhlen. Die Kerne entfernen und die Melone pürieren. Den Saft einer halben Limette auspressen.

Xylit und Wasser in einen Topf geben und kurz aufkochen, bis sich der Xylit auflöst. Dann den Limettensaft hinzufügen und die Flüssigkeit etwas erkalten lassen.

Das Melonenpüree und die Xylit-Lösung gut durchmischen.

Die Masse nun entweder für ca. 30 Minuten in eine Eismaschine geben oder in eine Form füllen und über Nacht ins Gefrierfach stellen.

Die Minze waschen, trocken tupfen und vom Stängel lösen.

Das Sorbet zum Servieren kugelweiße in kleine Schälchen füllen und mit der Minze garnieren.

Tipp

Bei der Zubereitung ohne Eismaschine sollten Sie das Sorbet ca. 10 Minuten vor dem Servieren aus dem Kühlfach nehmen und nochmals auflockern und erst dann portionieren.

Info

Ergibt ca.
8 Kugeln Sorbet

ZEIT 20 min.
+ mindestens
30 min. Einfrierzeit
PERSONEN 4

Nährwerte p. P.:
28 kcal, 0,3 g Eiweiß, 0,1 g Fett, 4,2 g Kohlenhydrate

LIMETTEN-SORBET

ZUTATEN

- 200 g Xylit
- 10–11 Limetten
- Frischhaltefolie
- 1 Eiweiß von 1 Ei, Größe M
- 2–3 Stängel Minze

450 ml Wasser mit dem Xylit 2–3 Minuten köcheln lassen, bis der Xylit sich aufgelöst hat. Dann abkühlen lassen.

8 Limetten auspressen, davon 200 ml Saft abmessen.

Das Xylitwasser und den Limettensaft in eine Metallschüssel gießen und verrühren. Mit Frischhaltefolie abdecken und ins Gefriergerät stellen. Mindestens 2 Stunden anfrieren lassen.

Das Eiweiß mit dem Schneebesen des Handrührgeräts steif schlagen.

Die angefrorene Limettenmasse kräftig mit einem Schneebesen durchrühren und den Eischnee unterheben.

Die Eismasse wieder abdecken und ca. 3 Stunden gefrieren lassen. Dabei alle 20 Minuten mit einem Schneebesen kräftig durchrühren, damit sich keine Eiskristalle bilden und die Eismasse cremig wird.

Die Minze waschen, trocken tupfen und vom Stängel lösen.

Die restlichen Limetten waschen, abtrocknen, in Scheiben schneiden und in acht Gläser legen.

Aus dem Sorbet mit zwei Esslöffeln Nocken formen und auf den Limetten anrichten. Mit Minze verzieren und sofort servieren.

Info

Ergibt ca.
8 Kugeln Sorbet

ZEIT 15 min.
+ 5 Stunden Einfrierzeit
PERSONEN 4

Nährwerte p. P.:
72 kcal, 0,6 g Eiweiß, 0,1 g Fett, 1 g Kohlenhydrate

REZEPTREGISTER

A

B

C

E

F

G

H

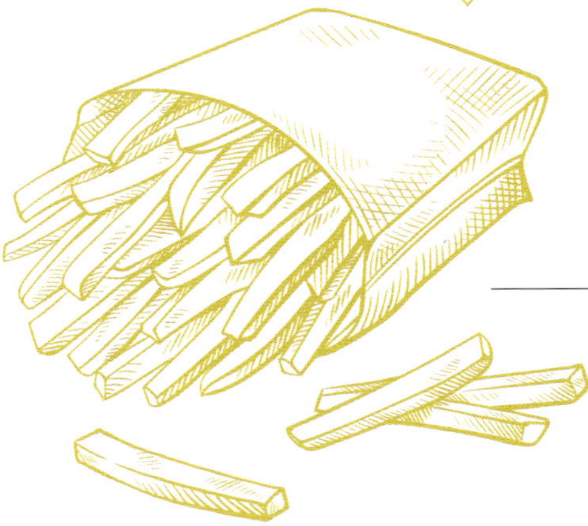

K

L

M

P

R

S

T

U

V

Y

Z

STYRIA
BUCHVERLAGE

ISBN 978-3-7088-0788-1

Bücher aus der Verlagsgruppe Styria gibt es in jeder Buchhandlung und im Online-Shop www.styriabooks.at

Covergestaltung: Anna Haerdtl, Bureau A/O; Graz
Layout: Anna Haerdtl, Bureau A/O; Graz
Satz: Die Knaben; Frankfurt
Lektorat: Simone Fischer; Rott
Projektleitung: Schmieder-Media GmbH; Lünen
und Jasmin Parapatits; Wien

Druck und Bindung: DZS Grafik
Printed in the EU

7 6 5 4 3 2 1

Fotocredits:
Getty Images: Cover und Innenklappe (MikeLaptev), S. 3 oben (Povozniuk), S. 6 (Astarot), S. 11 (Magone), S. 14 oben (redmal), S. 14 unten (nehopelon), S. 15 (Ju Photographer), S. 16 (fcafotodigital), S. 17 (Lilechka75), S. 19 (NoirChocolat), S. 21 (Vasyl Dolmatov), S. 23 (zeljkosantrac), S. 30 (Mila Bond), S. 33 (margouillatphotos), S. 34 (Tanya_F), S. 38 (YelenaYemchuk), S. 41 (vaaseenaa), S. 42 (sveta_zarzamora), S. 45 (YelenaYemchuk), S. 53 (zoranm), S. 54 (LarisaBlinova), S. 59 (sveta_zarzamora), S. 67 (Margaret Sproles), S. 71 (maaram), S. 76 (ALLEKO), S. 80 (vengerof), S. 85 (Tatiana Volgutova), S. 89 (Максим Крысанов), S. 99 (molka), S. 105 (ALLEKO), S. 106 (nerudol), S. 109 (mpessaris), S. 116 (Mariha-kitchen), S. 121 (MurzikNata), S. 122 (YelenaYemchuk), S. 125 (tvirbickis), S. 129 (sveta_zarzamora), S. 130 (freelancer), S. 133 (Lilechka75), S. 134 (vaaseenaa), S. 137 (picalotta)
Adobestock: S. 3 Mitte (Denis), S. 3 unten (sveta_zarzamora), S. 9 (LIGHTFIELD STUDIOS), S. 18 (vaaseenaa), S. 27 (Vasyl), S. 37 (shersor), S. 51 (emmi), S. 60 (daarnautova), S. 63 (nata_vkusidey), S. 68 (nikolaydonetsk), S. 75 (Jérôme Rommé), S. 79 (nata_vkusidey), S. 86 (marcin jucha), S. 90 (gkrphoto), S. 93 (Barbara Pheby), S. 94 (Dar1930), S. 101 (vaaseenaa), S. 102 (JackStock), S. 113 (valentinamaslova), S. 138 (nadin333), S. 141 (fahrwasser)
Illustrationen (Cover und Kern): Getty Images (ONYXprj), Adobestock (vectorgoods)
Prävent GmbH: S. 13 und Innenklappe
Bartosz Ludwinski: Autorenfoto Wolfgang Link

Liebe Leserin, lieber Leser,

hat Ihnen dieses Buch gefallen? Dann freuen wir uns über Ihre Weiterempfehlung! Erzählen Sie in Ihrem Freundeskreis davon, in Ihrer Buchhandlung, oder bewerten Sie es online.

Wollen Sie weitere Informationen zum Thema? Möchten Sie mit dem Autor in Kontakt treten?

Wir freuen uns auf Austausch und Anregung unter
leserstimme@styriabooks.at

Inspiration, Geschenkideen und gute Geschichten finden Sie auf
www.styriabooks.at